# Obras-Primas do

# JAZZ

Luiz Orlando Carneiro

# Obras-Primas do JAZZ

discografia organizada com a colaboração de

José Domingos Raffaelli

**Jorge Zahar Editor**
**Rio de Janeiro**

1986
Direitos para esta edição contratados com
Jorge Zahar Editor Ltda.
rua México 31 sobreloja
20031 Rio de Janeiro, RJ

Produção editorial *Revisão:* Carlos Alberto Medeiros (copy); Renato Carvalho, Rubens Costa, Cláudio Estrella (tip.); *Diagramação:* Ana Cristina Zahar; *Capa:* Antônio Sampaio, com ilustração do autor; *Arte-final:* José Geraldo de Lacerda; *Composição:* Terezinha Lösch

Fotos cedidas por cortesia do arquivo fotográfico do *Jornal do Brasil*: Dizzy Gillespie (fotógrafo Ariovaldo Santos, 13.8.74); Sarah Vaughan; Chet Baker (Malu Arthou, 11.8.85); Gerry Mulligan; Art Blakey; Horace Silver (Evandro, 10.11.73); Dave Brubeck (Ronaldo, 23.3.78); Modern Jazz Quartet.

CIP-Brasil. Catalogação-na-fonte.
Sindicato Nacional dos Editores de Livros, RJ

Carneiro, Luiz Orlando
C289o Obras-primas do jazz / Luiz Orlando Carneiro — Rio de Janeiro : Jorge Zahar Ed., 1986

Biografia.
ISBN 85-85061-44-8

1. Jazz — Discografia. 2. Jazz, Músicos de. 3. Jazz — História e crítica. I. Raffaelli, José Domingos. II. Título.

86-0111 CDD — 785.42
CDU — 785

# Sumário

# Apresentação

A literatura jazzística internacional é das mais extensas e variadas. Autores de inúmeras nacionalidades vêm abordando e chamada "música dos músicos" em incontáveis aspectos. Desde a sua história geral, no enfoque de períodos específicos ou determinado estilo, biografias, depoimentos de músicos, versões romanceadas sobre a vida dos heróis do *jazz,* discografias, enciclopédias, coleções de artigos previamente publicados, além de uma infinidade de revistas especializadas em quase todo o mundo contribuíram e contribuem para relatar, criticar e analisar essa música fascinante em todos os seus ângulos através das mais diferentes perspectivas.

A idéia de escrever sobre as obras-primas do *jazz* é das mais estimulantes, adentrando em território pouco explorado pelos críticos. Antes de Luiz Orlando Carneiro, que eu saiba, somente três se aventuraram nessa área: Len Lyons no seu "The 101 Best Jazz Albums", Rex Harris e Brian Rust em "Recorded Jazz: A Critical Guide" e o controvertido Hugues Panassié em "Discographie Critique des Meilleurs Disques de Jazz"; Lyons deu uma visão ampla ao seu trabalho, cobrindo virtualmente todos os estilos, Harris e Rust limitaram-se aos estilos tradicional e clássico, enquanto Panassié realizou apenas uma seleção, com mínimo conteúdo crítico.

Aqui temos algo diferente. Com seu vasto conhecimento do assunto, sua vivência jazzística traduzida em anos de audição, análise e crítica musical, Luiz Orlando destaca as obras em separado, realçando a qualidade musical e a inventividade de cada solo com uma lucidez e percepção raras. Uma obra-prima – masterpiece, cappolavoro ou chef-d'oeuvre, como é chamada em outros países – significa "o melhor, o mais bem-acabado, o supra-sumo, a quintessência". E dentro do *jazz*, uma arte relativamente nova, inúmeros artistas escreveram musicalmente a sua história, contribuindo com talento e criatividade para o seu desenvolvimento, desbravando caminhos com as obras-primas que foram perpetuadas em disco, um documento absolutamente fiel que fica para sempre. Ouvindo o *jazz* e os seus grandes mestres, Luiz Orlando conheceu a sua música em profundidade, familiarizando-se com estilos, sonoridades e maneirismos de cada um. Sendo o *jazz* a música do indivíduo, o criador que conta a "sua" história através da improvisação, o seu conhecimento exige entusiasmo, dedicação, afinidade e capacidade para analisar as diferenças entre cada escola, músico e estilo. E quando se escreve sobre o assunto é necessário saber transmitir suas experiências e emoções ao leitor.

É evidente que ninguém poderá ouvir toda a obra jazzística gravada, que se avoluma a cada dia. Estando a música relacionada com o gosto pessoal de cada um, o autor poderá ser questionado pela ausência de uma ou outra gravação, seja por não conhecê-la ou por não considerá-la como uma verdadeira obra-prima. Nesse particular, gostaria de mencionar que eu incluiria "Nostalgia", de Fats Navarro; uma série de registros de Bud Powell para a Roost, incluindo "Bud's Bubble", "Indiana", "Somebody Loves Me", "Off Minor" e "I'll Remember April"; "Benji's Bounce", de Dexter Gordon; e "Singin' the Blues", de Bix Beiderbecke entre os artistas destacados pelo autor. E acrescentaria gravações de outros músicos que também considero obras-primas, como "Dickie Wells Blues", de

Dickie Wells; "Body and Soul", de Serge Chaloff, uma das interpretações mais pungentes e dramáticas que ouvi; "Just One More Chance", possivelmente o maior momento da carreira do "underrated" saxofonista Lucky Thompson; "Ecclusiastics", "Blue Roll" e "A Nightingale Sang In Berkeley Square", de Roland Kirk; algumas faixas do duo Kenny Drew-Niels Henning Ørsted Pedersen; e "Nuages", de Django Reinhardt.

*Obras-Primas do Jazz* é um trabalho sério, de fôlego, realizado por alguém que se dedica apaixonadamente ao *jazz.* Rico em informações, observações e análises, é valorizado pelos conhecimentos de Luiz Orlando Carneiro, que nos dá uma importante e expressiva contribuição para a literatura jazzística, incluindo uma discografia representativa dos artistas para orientação dos leitores.

JOSÉ DOMINGOS RAFFAELLI

# Joe "King" Oliver

Joe "King" Oliver

Nasceu em Nova Orleans, Louisiana, 1885; morreu em Savannah, Geórgia, 1938. Tornou-se hábil na corneta, tocando nas principais *brass bands* de Nova Orleans no início do século (Eagle, Onward Brass Band, Olympia Band). Em 1915, fez parte do conjunto do trombonista Kid Ory. Com o fechamento de Storyville, em 1917, emigrou para Chicago, formando, em 1920, a Creole Jazz Band, que atingiu o máximo de seu prestígio em 1923, quando gravou para a Paramount, a Okeh e a Gennet. Em 1924, Louis Armstrong (segunda corneta) deixou a banda de Oliver, que foi, aos poucos, se desfazendo. Dois anos depois, "King" Oliver passou a liderar os Dixie Syncopators, que duraram até 1928, quando o pianista Luis Russell abandonou o conjunto, com outros Syncopators, para organizar sua própria orquestra. Em plena Depressão, doente, chegando a perder os dentes, Oliver acabou por se retirar para Savannah, onde morreu de hemorragia cerebral, já há muito destronado do trono de "Rei" por seu antigo protegido, Louis Armstrong.

Quais seriam, em termos cronológicos, as primeiras obras-primas do *jazz*? Partindo-se das premissas pacíficas de que o *jazz* nasceu em Nova Orleans, difundiu-se por Chicago, e de que o disco é sua forma de perpetuação por excelência, não se pode deixar de buscá-las no conjunto de gravações realizadas entre 1917 e 1923.

As datas que balizam esse período de seis anos não são aleatórias. Em janeiro de 1917, a Original Dixieland Jass Band (ODJB), um conjunto formado por músicos brancos de Chicago que procuravam tocar no estilo de Nova Orleans, gravou quatro faces de dois discos de 78 r.p.m. que podem ser catalogadas como as primeiras da história do *jazz*: "Darktown Strutters", "Original Dixieland One-Step", "Livery Stable Blues" e "Indiana". As faces gravadas pela ODJB – "Nick" La Rocca (corneta); Alcide "Yellow" Pavageau (clarinete); "Eddie" Edwards (trombone); Henry Ragas (piano); Johnny Stein (bateria) – constituem uma reverente, embora mecânica, recriação do estilo Nova Orleans, e um simpático prelúdio do estilo Chicago que Bix Beiderbecke, Frank Trumbauer e a Austin High School Gang estabeleceriam poucos anos depois. Não refletem, em toda a sua plenitude, a pureza, a espontaneidade, a *naiveté* e o sensível mas indescritível *feeling* negro da primeira forma clássica de *jazz*, tal qual praticada pelos pioneiros de Nova Orleans. Os discos da ODJB são clássicos do *jazz*, mas não são obras-primas do *jazz*.

Assegura-se que Freddie Keppard, um *creole* que lutava com Joe "King" Oliver pelo título de rei dos cornetistas de Nova Orleans, teve a oportunidade de gravar o primeiro disco de *jazz*. Mas temendo que seu estilo, capturado por uma nova engenhoca mecânica, fosse copiado, não aceitou uma proposta que lhe fez, em 1916, a Victor Talking Machine. Assim é que, ironicamente, o primeiro disco de *jazz* foi gravado por copistas brancos, competentes e aplicados, mas não propriamente representativos.

Foi só em 1923 que a King Oliver's Creole Jazz Band, egressa de Nova Orleans, perpetuou em Chicago os primeiros discos de *jazz*, no estilo puro de Nova Orleans. O conjunto de 39 gravações feitas pela banda entre março e novembro daquele ano, para a Paramount, Okeh e Gennett, é o primeiro acervo importante do *jazz* como música de síntese e como modo de expressão musical, conforme uma estética definida e reconhecível. Desse conjunto de gravações, podem ser extraídas as primeiras obras-primas do *jazz*. Embora rudimentares, essas obras – que na opinião de Günther Schüller[1] possuíam "um belo som próprio, tão nostálgico e pessoal como o ruído de um Ford Modelo T" – tinham as qualidades básicas de obras-primas, por sua realização artística fora de série e por sua extraordinária sensibilidade.

A Creole Jazz Band de "King" Oliver era integrada, em 1923, pelo jovem Louis Armstrong (segunda corneta), Honore Dutray (trombone), Johnny Dodds (clarinete), Stomp Evans (sax), Lil Hardin (piano), Bill Johnson (banjo) e Baby Dodds (bateria). Eram todos músicos bem representativos do estilo Nova Orleans: a improvisação coletiva tramada em torno da linha mestra exposta pelas cornetas, num enredo contrapontístico livre, em que o trombone respondia de forma ritmo-melódica as frases da(s)

[1] Günther Schüller, *O velho jazz*. São Paulo: Cultrix, 1970, p. 102.

corneta(s), de um modo que ficou conhecido como *tailgate style*; o clarinete ornamentava o tema principal, tudo por sobre um ritmo binário e bem sincopado fornecido pelo contrabaixo ou tuba, a guitarra ou o banjo, a bateria ou instrumentos rítmicos caseiros, como a *washboard*.

A limpidez, a franqueza e a nostalgia das frases expostas pelas cornetas de "King" Oliver e de Armstrong, a partir de um repertório geralmente formado por *blues*, os lamentos do clarinete de Johnny Dodds e o responsório do trombone às vezes desafinado, mas nem por isso menos saboroso, de Honoré Dutray fazem dessas gravações arcaicas de *jazz* obras-primas da primeira forma autônoma de expressão musical do negro norte-americano.

Das gravações feitas por "King" Oliver e sua Creole Jazz Band em 1923, merecem uma audição especial "Mabel's Dream", "Riverside Blues", "Southern Stomps" (matrizes Paramount) e "Dipper Mouth Blues" (matriz Okeh). As três primeiras são as mais antigas, pois foram gravadas no mês de março daquele ano. "Dipper Mouth" contém um solo (três *choruses*) de Oliver, o que é uma exceção no estilo da banda, cuja característica era a exposição mais ou menos linear do tema pelas duas cornetas, tocando quase em uníssono, num entendimento telepático que tinha seus melhores momentos de surpresa nos *breaks*.

DISCOGRAFIA

*King Oliver's Jazz Band, 1923* – Smithsonian Collection, R-001 (dois discos). (Essa coleção pode ser obtida através de *mail order* para a Smithsonian Collection, P.O. Box 10320, Des Moines, Iowa, 50336.)
*Louis Armstrong and King Oliver* – Milestone 511.7018 (dois discos).

# Louis Armstrong

Louis Armstrong

Nasceu em Nova Orleans, Louisiana, 1900; morreu em Nova York, 1971. Educado num orfanato, onde aprendeu a tocar corneta, começou a se fazer notar quando substituiu "King" Oliver na banda de Kid Ory. Em 1922, foi chamado por Oliver a Chicago para ser a segunda corneta de sua Creole Jazz Band. Lá ficou até 1924, quando deixou Oliver, instado por sua primeira mulher, a pianista Lil Hardin, a alçar vôo próprio em Nova York. Tornou-se estrela da orquestra de Fletcher Henderson e, no período 1925-27, gravou os clássicos discos liderando seus Hot Five e Hot Seven. Tocou com as orquestras de Carroll Dickerson (1928-29) e Luis Russell (1930), viajando em 1932 para a Europa. Retornou à Europa em 1933, lá permanecendo até 1935. De volta aos Estados Unidos, no auge da fama, preferiu tocar como solista à frente de grandes orquestras (sobretudo a de Luis Russell) até 1942, quando voltou ao pequeno conjunto, formando seu primeiro grupo de All Stars. Nas diversas formações dos All Stars, Armstrong contou com músicos do nível de Earl Hines e Billy Kyle (piano), Jack Teagarden e Trummy Young (trombone), Barney Bigard e Edmund Hall (clarinete), Sidney Catlett e Cozy Cole (bateria). Nos últimos 20 anos de vida, Armstrong manteve seus pequenos conjuntos, viajando pelo mundo como "embaixador" especial do Departamento de Estado, e procurou aproximar-se, cada vez mais, do público em geral, gravando *hits* como "Hello Doly" e "High Society". *Showman* admirável, participou de mais de 35 filmes, de longa e curta-metragens.

É difícil eleger as obras-primas de Louis Armstrong numa vastíssima obra, ao mesmo tempo genial e desigual, gravada em meio século de uma brilhante e ininterrupta carreira que, muitas vezes, se desviou da *mainstream* do *jazz* para o caminho mais fácil da música comercial e do *show business.*

Embora críticos respeitáveis, como Joachim Ernst Berendt,[1] defendam a tese de que não existia tema banal que o trompete ou a voz roufenha de Armstrong não tornasse consistente, e que não se podia querer que um homem igualmente dotado nos campos do *jazz* e do *show business* fosse ativo em apenas um, os três pontos culminantes da obra essencialmente jazzística de Louis Armstrong são facilmente identificáveis. O difícil é destacar, nesses três pontos culminantes de uma cordilheira de *performances* notáveis, os momentos mais inesquecíveis criados pelo primeiro grande solista do *jazz*.

Esses três pontos culminantes são: o período 1925-1927, em que se projetou à frente dos seus Hot Five e Hot Seven; o conjunto de gravações de 1928, com a colaboração do piano de Earl Hines; a fase dos All Stars, sobretudo nos anos de 1947 e 1948.

No dia 12 de novembro de 1925, Louis Armstrong gravou com o Hot Five as duas primeiras faces de uma longa série de discos para a Okeh: "Yes, I'm in the Barrel" e "Gut Bucket Blues". O quinteto não tinha bateria nem tuba (ou contrabaixo), mas o banjo de Johnny St. Cyr e o piano singelo e mecânico de Lil Hardin bastavam para marcar o ritmo sobre o qual pontificava a corneta auto-suficiente e endiabrada do ex-discípulo de "King" Oliver, acolitado pelo clarinete já mais fluido de Johnny Dodds e pelo trombone de Kid Ory, ainda pesado em relação à lepidez de Armstrong, mas substancialmente mais aventuroso e instigante do que o trombone puramente funcional de Honoré Dutray nas *performances* pioneiras da King Oliver's Creole Jazz Band.

Na verdade, com "Yes, I'm in the Barrel" e "Gut Bucket Blues", Armstrong começa a desenvolver, de maneira notável, uma das características básicas do *jazz*, muito bem definida por André Hodeir:[2] ". . . a improvisação individual no sentido da expressão da personalidade". Armstrong é a primeira grande e definitiva personalidade do *jazz.* Seu som, sua linguagem rítmico-melódica, o *bouquet* de sua música são tão reconhecíveis e palatáveis como um vinho de boa estirpe. Ele passa a ser o primeiro *grand cru classé* da história do *jazz.*

A transição da improvisação coletiva no estilo puro de Nova Orleans para a "improvisação individual no sentido da expressão da personalidade" é documentada de forma exemplar em "Gut Bucket Blues". "Satchmo", no exercício pleno de sua liderança, incentiva seus *partners,* a partir do momento em que, na introdução de Johnny St. Cyr, dá a palavra de ordem de liberação do músico do rígido formato coletivista do estilo plasmado por "King" Oliver: ". . . *play that thing, Mr. St. Cyr lawd — you know you can do it — everybody from New Orleans can really do that thing. . .*" (". . . toque esse negócio, St. Cyr — você sabe que pode — em Nova Orleans, todo o mundo pode fazer isso. . .").

[1] J. E. Berendt, *The Jazz Book, from Ragtime to Fusion and Beyong.* Westport, Connecticut: Lawrence Hill, 1981, pp. 51-3.

[2] André Hodeir, *Hommes et problèmes du jazz.* Paris: Le Portulan, 1954, p. 74.

Na semana de 7 a 14 de maio de 1927, Louis Armstrong gravou uma série de faces excepcionais com o Hot Seven, o mesmo Hot Five de 1925, com a adição de "Baby" Dodds (bateria) e Pete Briggs (tuba): "Willie the Weeper" e "Wild Man Blues" (7 de maio), "Alligator Crawl" e "Potato Head Blues" (10 de maio), "Melancholy Blues", "Weary Blues" e "Twefth Street Rag" (11 de maio). Embora todas essas faces mostrem um Armstrong já grandioso, prestes a trocar a corneta pelo som mais volumoso do trompete, "Potato Head Blues" ficou como o paradigma dessa fase armstronguiana. "Satchmo" consagra-se com o seu *break chorus,* e contagia com seu brilho músicos até então ainda tímidos como o clarinetista Johnny Dodds, que surpreende com um corajoso e lancinante solo.

Naquela mesma semana (9 de maio), Armstrong gravara uma face – "Chicago Breakdown" – com a orquestra regular do Sunset Cafe, dirigida por Carroll Dickerson. Ao piano, ouvia-se Earl Hines, que começava a se firmar como o primeiro pianista de *jazz* não unicamente percussivo. A associação Armstrong-Hines consolida o *jazz* clássico em nível de pequeno conjunto, nas gravações realizadas em Chicago de 28 de junho a 12 de dezembro de 1928 (nesse mesmo ano, Duke Ellington consolidava o primeiro período clássico de sua obra, com "The Mooche" e "Black Beauty").

A obra-prima do conjunto de gravações de 1928 é, sem dúvida, "West End Blues", sobre a qual Günther Schüller[3] escreveu, com a emoção de um jazzófilo e a seriedade de um musicólogo:

> No dia 28 de junho de 1928, ao soltar as espetaculares frases cascateantes da introdução de "West End Blues", Louis Armstrong indicou a direção estilística geral que o *jazz* seguiria nas décadas seguintes. Além disso, sua execução deixou claro que o *jazz* jamais poderia reverter à condição exclusiva de entretenimento e música folclórica. O toque de clarim do "West End Blues" anunciou que o *jazz* possuía capacidade potencial de concorrer com as mais altas ordens então conhecidas da expressão musical.(. . .) As belezas da música eram as de qualquer grande e irresistível experiência mundial: fervor expressivo, intensa seriedade artística, um sentido intuitivo de lógica estrutural, combinados com superior virtuosismo instrumental.

Em 1929, Armstrong trocou Chicago por Nova York, passando a ser estrela de uma série de orquestras, como as de Luis Russell e de Chick Webb. No decorrer da década de 30, torna-se atração mundial, em *tournées* pela Europa, tocando um trompete cada vez mais primoroso, ainda que cercado por músicos medíocres ou submetido às concessões do *show business.*

O primeiro grande músico e solista do *jazz* voltará a perpetuar momentos memoráveis ao revisitar e recriar de maneira bem mais livre o estilo Nova Orleans, nas décadas de 40 e 50, à frente de uma série de pequenos conjuntos denominados All Stars. Nesse estilo maduro e ao mesmo tempo descontraído de "Satchmo", a improvisação coletiva é moldura ornamental para os seus solos longos e cristalinos, densos ou cheios de humor, mas sempre excepcionais, e para os solos dos seus companheiros, entre os quais merecem particular destaque o trombonista e vocalista Jack Teagarden (1905-1964) e o baterista Sidney Catlett (1910-1951).

De todos os All Stars de Armstrong, o melhor foi o formado por Teagarden, Catlett, Barney Bigard (clarinete), Arvell Shaw (baixo) e Dick Cary (piano). Há uma tendência a se preferirem as sessões de estúdio às

3 Günther Schüller, *op. cit.*, p. 114.

gravações ao vivo, na avaliação da obra dos músicos de *jazz*. Mas quase todos que tiveram o privilégio de assistir a Armstrong em concerto, como é o nosso caso, entendem que a proximidade de massa o revigorava e o entusiasmava. Os pontos culminantes da obra madura de Armstrong com seus All Stars estão, a nosso ver, em dois concertos históricos: o de 17 de maio de 1947, no Town Hall de Nova York, e o de 30 de novembro do mesmo ano, no Symphony Hall de Boston.

"Back O'Town Blues", "Rockin' Chair" e "Ain't Misbehavin'", do concerto do Town Hall, e "Muskrat Ramble", "Royal Garden Blues" e o "Black and Blue", do Symphony Hall, são obras-primas do *jazz* instrumental e vocal, gravadas num dos momentos mais saudáveis de Louis Armstrong como gente e como músico, e no cume das carreiras de Jack Teagarden, dono de um dos mais generosos e calorosos trombones da história do *jazz*, e de "Big" Sid Catlett, o maior baterista do *jazz* clássico e precursor da bateria moderna com sua acentuação polirrítmica e sua inigualável arte de realçar os tempos fracos. As faixas do Town Hall e o "Black and Blue" do Symphony Hall são obras-primas de Armstrong como vocalista, e sua audição ilustra muito bem o paradoxo descrito por J. E. Berendt ao escrever sobre os vocalistas de *jazz*:[4]

> (. . .) todo *jazz* deriva da música vocal, mas todo vocal jazzístico é derivado da música instrumental. Significativamente, alguns dos melhores cantores de *jazz* — pelo menos os homens — são também instrumentistas, Louis Armstrong acima de todos.

Desses vocais gravados em concerto por Armstrong aos 47 anos, quando sua voz chegava ao *blend* perfeito entre aspereza gutural e delicadeza de expressão, "Black and Blue" é uma das mais comoventes orações em linguagem de *blues* feita pelo "papa" do *jazz*; "Rockin' Chair" talvez ofereça "o dueto vocal (Armstrong-Teagarden) mais delicioso da história do *jazz*", conforme anota Bruno Schiozzi, ao apresentar o concerto do Town Hall na série *I grandi del jazz*, editada pela Fabbri italiana e, no Brasil, pela Abril.[5]

Pode parecer preconceito purista não registrar nenhuma obra-prima de Louis Armstrong depois do fim da década de 40, mesmo porque ele permaneceu ativo até bem pouco antes de sua morte, aos 71 anos, em 1971. Mas sendo o *jazz* um modo de expressão musical tão dinâmico como os tempos modernos, nos anos 50 Armstrong já era um "Founding Father" com uma obra claramente definida e realizada. Enquanto colhia em vida sua glória de imortal, os que desenvolveram nos seus passos a arte do trompete no *jazz*, como Roy Eldridge e Dizzy Gillespie, já passavam a fazer escola e influenciar novas gerações de músicos para os quais um "West End Blues" será sempre, mais do que uma velha canção de berço, um ponto essencial de referência.

[4] J. E. Berendt, *op. cit.*, p. 301.

[5] Notas ao fascículo *Louis Armstrong*, da série *Gigantes do jazz*. São Paulo: Abril Cultural, 1980, p. 8.

DISCOGRAFIA

*Satchmo Jazzology/Louis Armstrong,* vols. 1, 2 e 4 – Pathé Marconi/EMI-Odeon, 052 05166, 052 05167 e 052 05169.
*Gigantes do jazz/Louis Armstrong* – Abril Cultural.
*Satchmo at Symphony Hall* – MCA 24057 (dois discos).
(O volume 1 da série Jazzology, editada no Brasil, contém "Yes, I'm in the Barrel" e "Gut Bucket Blues"; no volume 2 está "Potato Head Blues"; o volume 4 contém "West End Blues". No disco-fascículo da Abril Cultural, podem ser ouvidos os três grandes momentos do concerto do Town Hall, 1947; o concerto do Symphony Hall, anteriormente editado pela Decca, foi relançado pela MCA (no Brasil com o nº 127 01011).

# Jelly Roll Morton

Jelly Roll Morton

Nasceu em Gulfport, Louisiana, 1885; morreu em Los Angeles, Califórnia, 1941. Em 1902, já era requisitado pianista nos cabarés e *rendez-vous* de Storyville. Deixou Nova Orleans em 1904, em *tournée* por várias cidades do país, estabelecendo-se na Califórnia no período 1917-1922, ao fim do qual decidiu ir para Chicago. Foi lá que gravou, entre 1926 e 1930, com seu conjunto Red Hot Peppers, sua obra mais representativa. Em 1928, trocou Chicago por Nova York, mas a Depressão, que atingiu em cheio a economia e o *show business* norte-americanos, também o vitimou. Foi redescoberto em 1937, num pequeno clube de Washington, pelo musicólogo Alan Lomax, que gravou sua voz e seu piano para a Biblioteca do Congresso, numa longa autobiografia musical intitulada *The Saga of Mr. Jelly Lord.* Morton tentou recobrar o antigo prestígio nos seus últimos quatro anos de vida, mas sem sucesso.

Jelly Roll Morton, que dizia ter inventado o *jazz* em 1906, e que tinha entre seus pecados públicos a imodéstia e a egolatria, foi tratado, durante muitos anos, mais "folcloricamente" do que com o respeito crítico devido à sua contribuição ao desenvolvimento do *jazz* como forma de expressão musical.

Na verdade, fora uns poucos amadores de *ragtime* e do estilo Nova Orleans tal qual executado pelos seus Hot Peppers em 1926, a reputação de Jelly Roll como uma legenda do *jazz* foi, até bem recentemente, baseada na série de gravações ao piano e nas entrevistas produzidas, em 1938, para a Biblioteca do Congresso, pelo musicólogo e folclorista Alan Lomax (o extraordinário documento histórico foi depois transformado na biografia *Mister Jelly Roll,* considerada por um estudioso como Len Lyons[1] "o mais saboroso e informativo livro disponível sobre o período Nova Orleans"). Para o influente crítico Leonard Feather, Morton era um músico *"overrated"*. Sua discografia relevante – tirante o Jelly Roll pianista que Lomax reavivou três anos antes de sua morte, aos 55 anos – era basicamente representada por umas poucas faces gravadas entre 1926 e 1930, editadas pela RCA Victor, num antigo *long playing* de 10 polegadas, da série "Treasury of Immortal Performances".

Em 1979, a obra de Jelly Roll Morton pôde ser mais facilmente revisitada, como um todo, com a edição, na França, pela RCA, de "The Complete Jelly Roll Morton" e, nos Estados Unidos, dos volumes a ele dedicados na série *Giants of Jazz*, da Time-Life. Se o conjunto dessa obra, entre 1926 e 1930, é notável como a lapidação final ou a forma acabada do estilo Nova Orleans, as faces gravadas em setembro e dezembro de 1926 são definitivas. A obra de Morton poderia ser suficientemente apreciada se reduzida a três obras-primas: "Black Bottom Stomp" e "The Chant", da sessão de 15 de setembro, e "Doctor Jazz", gravada no dia 16 de dezembro.

"A música de Morton" – anotou John Litweiler, ao comentar o álbum *Giants of Jazz,* da série Time-Life[2] – "era tão distante de outros conjuntos de Nova Orleans como de estilos posteriores de *jazz*. Não que outros grupos pós-Nova Orleans tenham fugido ao material estrutural de Morton – o Hot Seven de Armstrong, de 1927, por exemplo, certamente adotou o *stop time* controlado, *breaks*, densidade de conjunto variada (. . .). Mas o processo de Morton era muito mais sutil e equilibrado, tão sensível como o de Ellington às nuances dos estilos de seus intérpretes: apesar das surpresas que nos tiram o fôlego, *stomps* rápidos, como 'Black Bottom' e 'The Chant', e números lentos, como 'Boogaboo' e 'Deep Creek', fluem tal como a noite segue inevitavelmente o dia."

A apreciação de Litweiler é particularmente feliz ao ver no estilo de Morton uma ponte harmoniosa entre o "New Orleans" inculto enriquecido pelo gênio de Louis Armstrong e a concepção ellingtoniana de *jazz.*

Em 1926, ano em que os Hot Peppers de Morton gravavam "Black Bottom Stomp", "The Chant" e "Doctor Jazz", Duke Ellington esboçava,

---

1 Len Lyons, *The 101 Best Jazz Albuns/A History of Jazz on Records.* Nova York: William Morrow, 1980, p. 86.

2 *Down Beat,* julho de 1980, p. 37.

com "Immigration Blues" e "The Creeper" (29/12/26), seu estilo inconfundível. Mas uma comparação entre essas faces dá a Jelly Roll, naquele momento, um indiscutível destaque em termos de exploração do universo jazzístico, seja do ponto de vista da transcrição para o papel da linguagem "oral" do *jazz*, seja da perspectiva da integração da improvisação nesse novo contexto.

É claro que a obra de Ellington foi se tornando, ao contrário da obra esparsa de Morton, um rio caudaloso que fertilizou quase meio século da história do *jazz*. Mas o primeiro e grande afluente desse rio é a música de Jelly Roll Morton, tal qual concebida em 1926, especialmente em "Black Bottom Stomp" e "The Chant".

Na recensão crítica de *Jelly Roll Morton – The Complete,* vols. 1/2, editado pela RCA francesa, Chris Sheridan[3] considera "Black Botton Stomp" a primeira "e ironicamente insuperável obra-prima de Morton", ouvindo nela "um pré-eco, não apenas do *swing* de Kansas City, mas de métodos posteriores, como o ramo do *hard bop* cultivado por Horace Silver". Esse pré-eco do que estava por vir pode ser explicado por ter Morton "estilizado" a *mainstream* do *jazz*, a partir do estilo Nova Orleans intuitivamente estabelecido por cornetistas notáveis como Joe "King" Oliver e Freddie Keppard.

Se, para citar mais uma vez Günther Schüller[4], a glória da Creole Jazz Band de "King" Oliver foi "ter sumariado (. . .) tudo aquilo que caracterizava a maneira como Nova Orleans tocava: a alegria, a expressão calorosa (. . .), a complexidade polifônica, o relaxado e fácil *swing* (. . .)", a glória de Jelly Roll Morton foi ter sumariado, em notas escritas e improvisadas, em suas composições e no modo de se expressar o seu Hot Peppers, as raízes diversas e a primeira forma arcaica do *jazz*, com um sentido de organização sonora até então desconhecido.

"The Chant" e "Black Bottom Stomp" são os melhores exemplos dessa organização sonora, em que uma concepção multitemática faz referências nostálgicas até às *marching bands* (o som de fanfarra com que abre "The Chant", a solenidade marcial de "Black Bottom"), e abre espaços novos para a improvisação com maior disciplina formal, mas nem por isso menos criativa, como atestam os *breaks* e *choruses* de George Mitchell (corneta), Omer Simeon (clarinete) e Johnny St. Cyr (banjo).

DISCOGRAFIA

*Jelly Roll Morton – The Complete,* vols. 1 e 2 – RCA francesa, PM 42405.
*Giants of Jazz/Jelly Roll Morton* – Time-Life, STLJ-5007.
(A coleção da Time-Life pode ser obtida através de *mail order* para Time-Life Records, Customar Service, Time & Life Building, 541 N. Fairbanks Court, Chicago, I 11. 60611).

[3] *Down Beat,* junho de 1980, p. 47.

[4] Günther Schüller, *op. cit.*, p. 101.

# Bix Beiderbecke

Bix Beiderbecke

Nasceu em Davenport, Iowa, 1903; morreu em Nova York, 1931. Autodidata na corneta, estudou piano na Lake Forest Academy, de Chicago. Influenciado por Nick La Rocca (o cornetista da Original Dixieland Jazz Band) ingressou, em 1923, no conjunto The Wolverines, que tocava um *jazz* dançante, mais suave que o de Nova Orleans. Fez uma parceria notável com o saxofonista Frank Trumbauer na orquestra deste, e depois nas orquestras comerciais de Paul Whiteman e Jean Goldkette (1926-1929). Sua obra jazzística importante é a gravada, em 1927, com Trumbauer e Eddie Lang (guitarra). O álcool destruiu sua saúde, morrendo ele de pneumonia aos 28 anos.

No dia 9 de maio de 1927, um dia antes de Louis Armstrong registrar a versão clássica de "Potato Head Blues", Bix Beiderbecke gravou, à frente de um conjunto de sete músicos, entre os quais merecem destaque o saxofonista Frank Trumbauer e o guitarrista Eddie Lang, três faces que o entronizaram como o mais importante músico branco do primeiro período clássico do *jazz*: "Ostrich Walk", "Riverboat Shuffle" e "Way Down Yonder in New Orleans".

A coincidência das datas tem relevância histórica. Armstrong, liderando o seu Hot Seven, levava o estilo Nova Orleans ao ápice de sua expressividade. Bix revelava uma personalidade suficientemente forte para, sem desrespeitar as raízes negras do *jazz* e sem desconhecer a primazia de Armstrong, impor uma linguagem própria através do timbre puro e claro de sua corneta.

Hoagy Carmichael, compositor de "Riverboat Schuffle", sintetizou com muita propriedade a essência do estilo de Bix:[1]

> Os *breaks* de Bix não eram tão selvagens como os de Armstrong, mas eram *hot*, e ele escolhia cada nota com grande preocupação de musicalidade. Demonstrou-me que o *jazz* pode ser musical e belo, sendo *hot*, e que tempo não significa *velocidade*.

A estética de Bix, que prefigurava a postura *cool* de Miles Davis e Chet Baker, pode ser apreciada, em toda a sua plenitude, nessas faces registradas em maio de 1927, que são também obras-primas do estilo Chicago — a adaptação do estilo Nova Orleans ao espírito *dançante* dos *Roaring Twenties;* a improvisação coletiva servindo de moldura ou ornamento para os solos, também ligados por *riffs* ou *choruses* escritos, tocados em uníssono pelas palhetas.

Em "Ostrich Walk", todas essas características são apresentadas de forma exemplar, com um *chorus* tocado pelos três saxofones — prenúncio das passagens de palhetas típicas das *big bands* da década de 30 — ligando a polifonia inicial, sempre liderada por Bix, ao seu esplêndido solo de corneta. "Riverboat Shuffle" e "Way Down Yonder in New Orleans" capturam de maneira quase descritiva, ligeiramente impressionista, a atmosfera nostálgica de Nova Orleans e de sua música, mas uma vez mais é o som imaculado e o fraseado elegante, poético, lírico e límpido de Bix Beiderbecke, tocando sempre um pouco retardado em relação ao *beat*, que dão a essas gravações o epíteto de obras-primas do *jazz* clássico.

DISCOGRAFIA

*The Bix Beiderbecke Story: Bix and Tram,* vol. 2 — Columbia, CL 845.

[1] Nat Shapiro e Nat Hentoff, *Ecoutez-moi-çá.* Paris: Corrêa, 1956; p. 154.

## Duke Ellington

Duke Ellington

Nasceu em Washington, DC, 1899; morreu em Nova York, 1974. Tendo estudado piano e desenho, optou pela música, estreando como pianista de *ragtime*, aos 17 anos, no Poodle Dog Cafe, em Washington. Em 1918, formou um quinteto com Otto Hardwicke (sax alto), Arthur Whetsol (trompete), Sonny Greer (bateria) e Elmer Snowden (banjo). Foi para Nova York, em 1922, tentar a carreira de líder, conseguindo formar o grupo The Washingtonians (Bubber Miley, trompete; Charles Irvis, trombone; Hardwicke; Sonny Greer; Bass Edwards, tuba e contrabaixo; Fred Guy, guitarra). Esse grupo teve algum sucesso no Kentucky Club, na Broadway. No dia 4 de dezembro de 1927, a orquestra de Duke Ellington, já com 10 membros, estreou no Cotton Club, que seria sua casa até 1932. É nesse período, apresentando-se no Cotton Club e gravando abundantemente, que a orquestra fica famosa, revelando seus primeiros grandes solistas e criando suas primeiras obras-primas ("Black and Tan Fantasy", "The Mooche"). Depois de várias *tournées* pelos Estados Unidos, a orquestra embarcou em 1933 para a Europa, consagrando-se em Londres, Paris e na Escandinávia. A orquestra voltou à Europa em 1939 e, no ano seguinte, Billy Strayhorn foi convidado por Ellington para ser seu arranjador, tornando-se também sua eminência parda. Entre 1940 e 1944, a orquestra — contando com solistas da estatura de Ben Webster, Jimmy Blanton, Ray Nance e Cat Anderson – teve seu "período de ouro", gravando "Koko", "Concerto for Cootie", "Cottontail", "Take the A Train", e "Black, Brown and Beige". De 1945 a 1960, Ellington escreveu uma série de suítes, entre as quais se destacam "Perfume Suite" (1945), "A Tone Parallell to Harlem" (1951), "A Drum Is a Woman" (1956) e "Such Sweet Thunder" (1957). Na década de 60, a orquestra fez diversas *tournées* pelo mundo, incluindo Ásia e América Latina. Duke Ellington morreu coberto de glória e de honrarias, doutor *honoris causa* de várias universidades e detentor da Presidential Medal of Freedom, uma das maiores condecorações dos Estados Unidos.

A música concebida por Duke Ellington, como compositor, e por ele executada, tocando seu instrumento principal – a orquestra – ou seu instrumento secundário – o piano –, é um continente tão vasto no mundo do *jazz* que é tarefa das mais temerárias escolher as obras-primas que criou e gravou em mais de 50 anos de atividade prolífica e ininterrupta.

Ao final de sua autobiografia, intitulada *Music is My Mistress,*[1] estão compiladas, pela ordem de *copyright*, de 1923 a 1973, nada menos do que 952 composições, e uma discografia "selecionada" de 60 álbuns de 33 r.p.m., alguns deles duplos e triplos. Certamente ninguém, nem mesmo Ellington, terá ouvido todas as versões gravadas dessa música, pelo compositor e sua orquestra, em estúdios, concertos ou a partir de emissões radiofônicas.

Assim é que não se pode deixar de adotar um critério que reduza os numerosos grandes momentos da *Ellingtonia* àqueles que se tornaram *inesquecíveis* por uma conjugação de fatores, tais como relevância histórica, representatividade estilística, concepção musical e qualidade excepcional de execução instrumental, levando-se em conta, na apreciação deste último fator, a criatividade dos solistas da orquestra que sempre foram, para Ellington, não apenas simples *sidemen,* mas atores importantes na interpretação de suas peças.

Com base em tal critério, as obras-primas mais antigas de Ellington e sua orquestra devem ser procuradas em 1927 e 1928, quando o seu *jungle style* – temas jazzísticos de nascimento, fortemente marcados pelos *blues*, com muitas referências ao clima de Nova Orleans, tratados como pequenos poemas sinfônicos evocando a atmosfera misteriosa da selva africana – tornou-se uma marca registrada.

"Black and Tan Fantasy" e "The Mooche" são as obras-primas de uma fase em que não podem ser esquecidas peças como "St. Louis Toodle-oo" e "Creole Love Call". As duas primeiras gravações de "Black and Tan Fantasy" foram feitas em 1927, nos dias 4 de julho e 26 de outubro. A formação da orquestra era a mesma – Bubber Miley e Louis Metcalf (cornetas), Joe "Tricky Sam" Nanton (trombone), Otto Hardwick, Harry Carney, Rudy Jackson (palhetas), Fred Guy (banjo), Sonny Greer (bateria), além de Ellington ao piano. Apenas "Bass" Edwards (baixo) era substituído por Wellman Braud na sessão de outubro. Mas foi essa última sessão, talvez pela melhor qualidade de som da Victor e pela *performance* particularmente emocionante de Bubber Miley, que se transformou na primeira obra-prima de Duke Ellington.

"Black and Tan Fantasy" é uma composição conjunta de Ellington e Miley, cujo tema *bluesy* é exposto em 12 compassos pelo cornetista. Uma passagem arranjada das palhetas, à guisa de ponte, leva ao primeiro *chorus* de Bubber Milley; Ellington provoca um interlúdio, com um solo de 12 compassos; "Tricky Sam" dá sua contribuição, com a característica surdina *"wa-wa"*; Miley prepara o final – uma citação da "Marcha Fúnebre" de Chopin – com mais um memorável solo. O estilo *jungle* primitivo de Ellington tem aí o seu grande registro histórico e estilístico, destacando o primeiro solista excepcional da orquestra: Bubber Miley.

[1] Duke Ellington, *Music Is My Mistress.* Londres: Quartet Books, 1977, pp. 493-522.

Ao comparar as gravações de "Black and Tan Fantasy", em *O velho jazz,*[2] Günther Schüller resgata Bubber Miley (1903-1932) da condição menor de simples coadjuvante:

> O solo de Miley na versão Victor [de "Black and Tan"] constituiu uma de suas execuções gravadas mais notáveis. Fez uso brilhante da surdina abafada e do *growl*, mas, aos nossos ouvidos, 40 anos depois, surpreende sobretudo pelo emprego abundante de *blue notes*, notavelmente a quinta bemolizada no primeiro compasso do segundo *chorus*. Mostrou-se também altamente dramático e superior a tudo que os trompetistas de Nova Orleans haviam feito até então. E talvez nenhum deles tenha conseguido, jamais, o extraordinário contraste produzido pelo intenso silêncio do si bemol sustentado durante quatro compassos, subitamente irrompendo, como incapaz de conter-se um momento mais, em uma criação melódica magnificamente estruturada.

A outra obra-prima desse período é "The Mooche", que Ellington e sua orquestra gravaram, pela primeira vez, em duas sessões, em outubro de 1928, nos dias 1º e 30. A gravação do dia 1º, que tem as vozes de Bubber Miley (na sessão do dia 30, o cornetista é Arthur Whetsol) e de Baby Cox (vocalista), além da guitarra de Lonnie Johnson, é a mais inesquecível. O nostálgico tema de "The Mooche", em 16 compassos, é seguido de uma frase melódica de oito compassos, depois da qual solam Miley, o caloroso clarinete de Barney Bigard (apoiado por Lonnie Johnson), a vocalista Baby Cox, e novamente Miley. A gravação do dia 30 (RCA) não tem o vocal da do dia 1º (Okeh-Columbia), com que Baby Cox, uma desconhecida cantora de *vaudeville* cantando sem palavras e improvisando no estilo *jungle* de Bubber Miley, inscreveu, através de Ellington, seu obscuro nome na história do *jazz.*

Na década de 30, Duke Ellington, que havia antecipado o estilo *swing*, que faria a glória de Benny Goodman, com "It Don't Mean a Thing If It Ain't Got That Swing" (1932), consolida o prestígio de sua orquestra também em nível comercial, ficando conhecido para o grande público através de peças bem acessíveis, como "Mood Indigo" e "In a Sentimental Mood". O que não quer dizer que, nessa fase, Ellington não tenha registrado *performances* altamente representativas do seu estilo essencialmente jazzístico, como "Rockin' Rhythm" (1931), "Sophisticated Lady" (1933), "Reminiscing in Tempo" (1935), "Clarinet Lament" e "Echoes of Harlem" (1936).

Mas é a partir de março de 1940, quando Ellington volta a gravar para a Victor, poucos meses depois de contratar Jimmy Blanton como contrabaixista, que The Orchestra atinge sua maturidade. A *big band* era ideal para levar a um nível nunca antes alcançado a concepção ellingtoniana de realçar a personalidade dos solistas no contexto da massa orquestral. Em torno do compositor e *metteur-en-scène,* estavam músicos da grandeza de Cootie Williams e Rex Stewart (trompetes), Joe "Tricky Sam" Nanton, Juan Tizol e Lawrence Brown (trombones), Johnny Hodges (sax alto), Ben Webster (sax tenor), Harry Carney (sax barítono), Barney Bigard (clarinete), Jimmy Blanton (baixo) e Sonny Greer (bateria).

Essa orquestra gravou, em 1940, algumas das mais importantes peças da história do *jazz*, no campo das *big bands*: "Jack the Bear" e "Koko", no dia 6 de março; "Do Nothin' Till You Hear From Me" (o "Concerto for

[2] Günther Schüller, *op-cit.*, p. 391.

Cootie"), a 15 de março; "Cotton Tail" e "Don't Get Around Much Anymore", a 4 de maio; "Bojangles", no dia 28 de maio; "Pitter Panther Patter" e "Mr. J. B. Blues", os célebres duetos Ellington-Blanton, a 1º de outubro; "Warm Valley", a 28 de dezembro.

Desse conjunto precioso de obras, há duas quase unanimemente consideradas *chef-d'oeuvres* pela crítica especializada. Basta, aqui, reproduzir a opinião do musicólogo André Hodeir em *Hommes et problèmes du jazz*[3] sobre o "Concerto for Cootie" e "Koko":

> Quase 20 anos de experiência foram necessários para que, com alguns dias de intervalo, o *jazz* orquestral gerasse suas duas obras mais importantes. A primeira é "Koko". Ela tem menos frescor e serenidade, mas talvez mais envergadura e grandeza. A segunda é o "Concerto" [for Cootie]. Pela perfeição da forma e a qualidade do pensamento, o "Concerto", obra ao mesmo tempo clássica e audaciosa, domina o conjunto da produção de grande orquestra. Tem quase todas as qualidades do melhor *jazz*, e outras, ainda, que não se encontram normalmente na música negra. Onde falta algo, a compensação vem por uma admirável utilização do que constitui sua substância. Não é isso que caracteriza uma obra-prima?

"Koko" é uma pequena mas densa peça climática que abre, como disse Hodeir, com "grandeza" a fase áurea da orquestra de Duke Ellington. O estilo *jungle* é recriado através do trombone de Juan Tizol e do sax-barítono de Harry Carney, num contexto harmônico-melódico mais sofisticado, enriquecido pelas dissonâncias de Ellington ao piano e pelo contrabaixo, não mais apenas metronômico, mas fluente e encorpado, de Jimmy Blanton.

O "Concerto for Cootie" é o ponto alto do estilo concerto – peças escritas por Ellington tendo em vista destacar um músico de sua orquestra, não apenas como um solista evoluindo por sobre um pano de fundo, mas integrando a "fala" característica do "ator" no argumento concebido e dirigido pelo autor-*metteur-en-scène*. Na gravação de 1940, o trompetista Cootie Williams (1908-1985) é o ator da peça, que se tornou um clássico da orquestra e que foi recriada com grande felicidade, em gravações posteriores, por Ray Nance.

Das peças ellingtonianas escritas mais ou menos dentro dos padrões do estilo *swing*, tornaram-se clássicos "Cotton Tail" e "Don't Get Around Much Anymore (Never No Lament)", gravados pela primeira vez na mesma sessão de 4 de maio de 1940; "Take the A Train", composição do eminente *alter ego* de Ellington, Billy Strayhorn (1915-1967), sucesso de 1941 e que se tornou o prefixo da orquestra; e "Things Ain't What They Used to Be", veículo apropriado para o lancinante sax-alto do grande Johnny Hodges (1906-1970).

"Cotton Tail" tem todos os ingredientes típicos do estilo *swing* popularizado pelas *big bands* da década de 30, Benny Goodman e o próprio Ellington à frente. Mas o emprego dos *riffs* e das passagens em uníssono da seção de palhetas é tão bem dosado e tão essencial à evolução do magnífico solo do saxofonista tenor Ben Webster (1909-1973) que a perfeição da obra e o impacto de sua execução permanecem sólidos, como um monumento ao *swing*, mais de 40 anos depois.

3 André Hodeir, *op. cit.*, p. 123.

Em composições como "Reminiscing in Tempo" (1935) e "Diminuendo and Crescendo in Blue" (1937), Duke Ellington anunciava sua disposição de se expandir bem além do limite de três minutos que lhe impunham as faces dos discos de 78 r.p.m. Não se tratava de uma simples vontade de criar obras mais extensas, com mais espaço para a improvisação dos seus grandes solistas, mas sim de uma determinação de adaptar ao *jazz*, sem prejuízo da individualidade de seus solistas, a concepção e algo da estrutura das suítes e poemas sinfônicos da música erudita. A partir de 1943, com a *première*, no Carnegie Hall de Nova York, da suíte "Black, Brown and Beige", de 48 minutos de duração, Ellington passa a se dedicar intensamente à criação desses amplos painéis, sintetizando seus diversos estilos, fases e atmosferas, numa textura melódico-harmônica em que as raízes mais *bluesy* do *jazz* são impregnadas de uma coloração decididamente impressionista. A lista é longa e inclui, entre as melhores, "Deep South Suite" (1947), "Newport Jazz Festival Suite" (1956), "A Drum Is a Woman" (1956), "Such Sweet Thunder" (1957), "The Queen's Suite" (1958), "Nutcracker Suite" (1960) – baseada em Tchaikovsky –, "Suite Thursday" (1962), "Peer Gynt Suite" (1962) – baseada em Grieg –, "The Far East Suite" (1964) e "The Goutelas Suite" (1971).

Dessa série de composições mais ambiciosas, a clássica "Black, Brown and Beige" e a shakespeariana "Such Sweet Thunder" avultam como duas obras-primas.

Ellington classificou sua "Black, Brown and Beige" como "um paralelo musical à história do negro americano". A parte "Black" se refere ao passado do negro, e tem dois temas básicos: "Work Song" e "Come Sunday", destacando-se neste último o solo de Johnny Hodges, que Leonard Feather considerou como contendo "os mais raros momentos de música jamais ouvidos num concerto". A parte "Brown", que Ellington diz representar o sangue que o negro deu ao seu país nas Guerras da Independência e da Secessão, e na sua própria emancipação, contém "West Indian Dance", "Emancipation Celebration" e "The Blues". A última parte, "Beige", refere-se, ainda segundo o Duke, "à visão comumente aceita da gente do Harlem e dos pequenos Harlem por todos os Estados Unidos: nada mais do que canções, danças e tantã. . .". A peça-chave é "Sugar Hill Penthouse", retomando depois Hodges, e finalmente toda a orquestra, o magnífico "Come Sunday".

A versão realmente representativa de "Black, Brown and Beige" é a gravada no dia 23 de janeiro de 1943, no Carnegie Hall. A gravação feita pela Victor, em 11 e 12 de dezembro de 1944, em estúdio, é abreviada para 18 minutos, mantendo os temas e os principais solos, mas afetando substancialmente a seqüência da obra, sobretudo as retomadas dos temas ao final das partes. A gravação Columbia, de 1958, é centrada apenas em torno de "Work Song" e "Come Sunday", com a *gospel singer* Mahalia Jackson procurando, através do Salmo 23, dar um conteúdo mais "sacro" à suíte desfigurada.

"Black, Brown and Beige" impõe-se – para citar dois de seus estudiosos, Serge Héribel e Gérard Rouy[4] – "pela beleza de seus temas e a criatividade dos solistas e, sobretudo, por sua *dinâmica*, por sua *estrutura global*, como um marco decisivo e único no conjunto do discurso ellingtoniano".

[4] *Jazz Magazine*, julho-agosto de 1974, p. 24.

Finalmente, "Such Sweet Thunder", que Ellington compôs em parceria com Billy Strayhorn, a dedicou ao Festival de Stratford, Ontario, com estréia em abril de 1957, no Town Hall de Nova York. O título da suíte foi tirado de uma fala de Hipólita, na cena I do ato IV de *Sonho de uma Noite de Verão*, de Shakespeare: *"I never heard/So musical a discord, such sweet Thunder"* ("Nunca ouvi uma dissonância tão musical, um trovão tão meigo").

"Such Sweet Thunder" — para J. E. Berendt,[5] "uma das mais belas obras extensas de Ellington", por seus "comentários espirituosos, ironias e caricaturas de grandes personagens shakespearianos" — é dividida em 12 partes. "Such Sweet Thunder", a composição-título, é, conforme o próprio Duke, "a história meiga, *swinging* e convincente que Otelo contou a Desdêmona"; "Lady Mac" é o comentário ellingtoniano sobre Lady Macbeth que, "apesar de bem-nascida, tinha algo de *ragtime* em sua alma"; "Up and Down, Up and Down" é uma peça descritiva dos ardis de Puck que, em *Sonho de uma Noite de Verão*, levava os poderosos a posturas ridículas e se divertia: *"Lord, what fool these mortals be*!" ("Senhor, como são tolos esses mortais!").

Essas descrições ligeiras de algumas das partes da suíte dão uma idéia do seu refinado humor, musicalmente criado por Ellington, na maturidade dos seus 56 anos, para uma orquestra que, se era bem diferente da de 1940 (Johnny Hodges e Harry Carney eram os únicos veteranos), refletia outras personalidades da expressão de Ray Nance e Clark Terry (trompetes), Britt Woodman e Quentin Jackson (trombones) e Paul Gonsalves (sax-tenor). A contribuição desses músicos à *réussite* dessa obra-prima é particularmente notável em "Up and Down, Up and Down" (Clark Terry), "Sonnet to Hank Cinq" (Britt Woodman), "Circle of Fourths" (Paul Gonsalves). Sem esquecer a participação dos "velhos" Johnny Hodges e Harry Carney, aquele etéreo e sensual em "Half the Fun", este encorpado, grave, mas extremamente ágil e insinuante, em "The Telecasters".

DISCOGRAFIA

*Giants of Jazz: Duke Ellington (1926-56)* — Time-Life Records, J-02 (três discos).
*Duke Ellington 1940* — Smithsonian Collection, R-013 (dois discos).
*The Duke Ellington Carnegie Hall Concerts* — Prestige, P-34004 (três discos).
*Such Sweet Thunder* — Columbia, CSP JCL-1033.

(Na coleção da Smithsonian estão as obras-primas de 1940 e no álbum da Prestige se encontra a versão completa de "Black, Brown and Beige".)

[5] J.E. Berendt, *op. cit.*, p. 63.

# Count Basie • Lester Young • Billie Holiday

Count Basie

Lester Young

Billie Holiday

COUNT BASIE— Nasceu em Red Bank, Nova Jersey, 1904; morreu em Nova York, 1984. Estudou desde cedo piano e bateria e, mais tarde, um pouco de órgão com Fats Waller. Em 1927, mudou-se para Kansas City, então importante centro de *jazz*, ingressando, no ano seguinte, na orquestra do contrabaixista Walter Page. De 1929 a 1935, foi *sideman* de Bennie Moten (1894-1935). Com a morte de Moten, recrutou alguns músicos da orquestra dissolvida e se tornou líder. A primeira formação de Basie, que tocou no Reno Club de Kansas City, incluía Jo Jones (bateria), Walter Page, Eddie Durham (guitarra e trombone), Edward Lewis (trompete), Jack Washington (sax barítono), o vocalista Jimmy Rushing e, um pouco mais tarde, Lester Young.

Descoberta pelo crítico John Hammond, a orquestra foi apresentada como atração máxima do *swing* de Kansas City no Grand Terrace de Chicago (1936) e em Nova York (1937). A orquestra de Basie consagrou-se, juntamente com a de Benny Goodman, no histórico concerto de 1938, no Carnegie Hall de Nova York, em que o *jazz* recebeu, pela primeira vez, numa sala importante, o reconhecimento do *establishment* cultural norte-americano. Mantendo basicamente o mesmo estilo, mas aceitando através dos tempos e graças à renovação de seus solistas algumas contribuições melódico-harmônicas do *jazz* moderno, a orquestra de Count Basie é uma das instituições mais vitais da história do *jazz*. Foi e é, até hoje, uma escola em que apareceram e cresceram músicos da representatividade de Lester Young, Buddy Tate, Don Byas, Illinois Jacquet, Frank Foster, Eddie "Lockjaw" Davis (saxes); Harry Edison, Buck Clayton, Joe Newman (trompetes); Dickie Wells, Vic Dickenson, Henry Coker e Al Grey (trombones); Jo Jones, Gus Johnson, Rufus Jones (bateria); Neal Hefti, Ernie Wilkins, Nat Pierce, Sammy Nestico (arranjadores); Billie Holiday, Jimmy Rushing, Joe Williams (vocalistas).

LESTER YOUNG — Nasceu em Woodville, Mississípi, 1909; morreu em Nova York, 1959. Cresceu em Nova Orleans, onde seu pai, músico profissional, ensinou-lhe a tocar bateria e saxofone. Tocou com "King" Oliver e depois foi para Kansas City. Lá integrou os Blue Devils de Walter Page, conheceu Count Basie, e logo depois ingressou na orquestra que o pianista passou a liderar, após a morte de Bennie Moten. Em 1934, passou uns tempos na orquestra de Andy Kirk, mas Fletcher Henderson o chamou para substituir Coleman Hawkins na bancada de saxofones de sua banda. Em 1936, retornou à orquestra de Basie, nela permanecendo até 1940. Entre 1941 e 1943, liderou seus próprios grupos, voltando mais uma vez, de dezembro de 1943 a setembro de 1944, à organização Basie, até ser chamado para o serviço militar. Terminada a Segunda Grande Guerra, depois de corte marcial e prisão por uso e posse de drogas, Lester passou a se apresentar com a *troupe* Jazz at the Philarmonic, de Norman Granz. Em 1952-53, teve, na Europa, o respeito devido a um dos grandes do *jazz*. Apresentou-se, ainda com sucesso, nos Estados Unidos e na Europa, entre 1956 e 1958. Voltou de Paris para morrer em Nova York, no dia 15 de março de 1959.

BILLIE HOLIDAY — Nasceu em Baltimore, Maryland, 1915; morreu em Nova York, 1959. Filha do banjoísta Clarence Holiday, que tocou com Fletcher Henderson e Don Redman, foi descoberta no Harlem por John Hammond, que lhe proporcionou a gravação de seu primeiro disco, em 1933, ao lado de Benny Goodman. A partir de 1935, firmou-se como *jazz singer*, em companhia do pianista Teddy Wilson, e de músicos da expressão de Lester Young (seu grande *partner*), Roy Eldridge, Ben Webster, Johnny Hodges. Foi vocalista das orquestras de Count Basie (1937) e Artie Shaw (1937-38). Em 1939, foi a principal atração do clube Cafe Society, de Nova York, acompanhada pela orquestra do trompetista Frankie Newton. Nas décadas de 40 e 50, Billie gravou para as etiquetas Decca e Verve — as faixas desta última, de 1955 e 56, sendo as mais representativas dos seus últimos anos de vida. Morreu no Metropolitan Hospital de Nova York, onde se encontrava internada por posse e uso de drogas.

É impossível dissociar, num período tão significativo da história do *jazz*, que vai da segunda metade da década de 30 ao fim da Segunda Grande Guerra, as figuras do *band leader* e pianista Count Basie, do saxofonista-tenor Lester Young e da cantora Billie Holiday.

Ao contrário de Ellington, que compunha para seu principal instrumento — a orquestra —, Count Basie, sentado ao seu piano, foi o dínamo propulsor de suas *big bands*, menos preocupado com arranjos refinados do que com *head arrangements* ou arranjos simples destinados a embalar seus solistas, no ritmo do *swing* e no devaneio dos *blues*. Dos músicos que cresceram nas suas diversas formações — diversas, mas sempre mantendo o inconfundível *estilo Basie* —, Lester Young foi o maior e o mais influente de todos. E Billie Holiday, a vocalista da melhor fase da orquestra de Basie, foi a musa de Lester Young e a Lester Young do *jazz singing*.

A fórmula de Count Basie, herança das orquestras de *jazz* de Kansas City, sobretudo a de Bennie Moten (1894-1935), era simples: *head arrangements* a partir de temas predominantemente de *blues*, com muitos *riffs*, e *intermezzos* pianísticos bem marcados, evocando o estilo *boogie woogie*. Com a morte de Bennie Moten, Count Basie herdou também a liderança da banda, onde era pianista, e a maioria dos músicos que formariam sua primeira "usina" de *swing*. Entre esses músicos, sobressaíam "Hot Lips" Page (trompete), Eddie Durham (trombone e guitarra), Dan Minor (trombone) e Jack Washington (sax-alto), aos quais, aos poucos, se juntaram Lester Young, Buck Clayton e Harry Edison (trompetes), Dickie Wells (trombone) e a clássica seção rítmica (a All American Section), formada por Jo Jones (bateria), Walter Page (baixo)e Freddie Green (guitarra). John Hammond (o rico produtor da Columbia) e Benny Goodman, que ouviram a orquestra de Basie numa emissão radiofônica diretamente do Reno Club, em Kansas City, em 1936, ficaram tão impressionados com seu *swing* vigoroso e a qualidade dos seus solistas que a levaram para Chicago (Grand Terrace) e Nova York (Roseland Ballroom e Famous Door).

O ano de 1938, em que Count Basie e sua orquestra se consagravam no Famous Door, um clube da Rua 52, é também um marco no que se refere à obra por eles gravada. A orquestra estava no seu esplendor, com o piano de Basie e a seção rítmica criando um ambiente de infeccioso *swing*, sublinhado pelos *riffs* da massa orquestral (14 músicos), e com seus solistas improvisando como se fossem membros de um pequeno conjunto. "Swinging the Blues" e "Jumpin' at the Woodside", gravados, respectivamente, nos dias 16 de fevereiro e 22 de agosto daquele ano, são, das 47 faces registradas pela banda entre 21 de janeiro de 1937 e 4 de fevereiro de 1939, obras-primas do estilo Basie por excelência, na sua primeira e melhor fase, escolhidas em meio a outras faces de qualidade semelhante e da mesma representatividade, como "One O' Clock Jump", "Lady Be Good" e "Every Tub". Nessas faces, pode-se apreciar, pelo confronto dos saxes de Lester Young e Herschel Evans, o novo som e o novo discurso melódico-harmônico que Young introduzia no *jazz*, além do excepcional trombone de Dickie Wells (uma das vozes mais pessoais da história do *jazz*) e dos inspirados solos dos trompetistas Buck Clayton e Harry "Sweets" Edison.

Considera-se a segunda fase da orquestra de Basie a que vai da saída de Lester Young, em 1940, até 1950, quando a banda foi dissolvida por dois anos. Nesse período, aumentado o conjunto de 14 para 17 músicos, os arranjos começam a ser quase que totalmente escritos, mas a orquestra não perde sua característica de "usina de *swing*", nem de assembléia permanente de músicos de primeira linha. Saxofonistas como Buddy Tate, Don Byas, Lucky Thompson e Illinois Jacquet, e trompetistas como Joe Newman e Emmett Berry mantêm o prestígio da instituição.

Em 1952, Basie reaparece com uma formação mais jovem, tocando arranjos mais "modernos" de Ernie Wilkins, Neal Hefti e, depois, Nat Pierce. Os novos solistas, formados no clima do *bop*, como That Jones (trompete), Paul Quinichette, Billy Mitchell, Frank Wess e Frank Foster (saxes), entendem-se muito bem com um sax tenor da linhagem Hawkins-Webster, como Eddie "Lockjaw" Davis, com um *blues singer* de digestão fácil como Joe Williams ("Everyday I Have the Blues") e com a imutável propulsão rítmica fornecida pelo próprio Basie e por Freddie Green.

Nessa terceira fase da instituição, não há propriamente uma ou duas obras-primas a destacar. A orquestra, conforme atesta a maioria das faixas gravadas entre 1952 e 1960, manteve o alto padrão de técnica e de qualidade musical que a credencia, até hoje, com a melhor *big band* na *mainstream* do *jazz*.

Em 1982, a Verve reeditou uma coleção de faixas produzidas em janeiro, julho e dezembro de 1952, que contém obras altamente significativas do início da terceira fase da orquestra. O álbum *Paradise Squat*, também lançado no Brasil, tem como *highlights* "The New Basie Blues", arranjado por Neal Hefti, com Paul Quinichette (sax tenor) como solista; "Sure Thing" e "Why Not", com destaque para Quinichette e Joe Newman (trompete); e dois *takes* de "Paradise Squat", com solos vigorosos de "Lockjaw" Davis.

Outras faixas de 1953 e 1954, reunidas no álbum *Sixteen Men Swinging* (Verve), são também excelentes, sobretudo a faixa-título, de Ernie Wilkins.

Nos últimos anos, Basie, gravando intensamente para a Pablo, inclusive como solista, cercou-se de músicos jovens preferindo os arranjos ultracompetentes, mas um tanto mecânicos, de Sam Nestico. Mas não deixou de manter pulsando, sempre com a ajuda de Freddie Green (1911), o mesmo coração que a orquestra tinha em 1938, nem de reservar postos estratégicos para músicos experientes e de classe, alguns deles *sidemen* de muitos anos, como Al Grey ou Curtis Fuller (trombones), Eric Dixon ou Charlie Fowlkes (saxes). Um disco como *Prime Time* (Pablo), de janeiro de 1977, demonstra como é possível um velho coração adaptar-se a um corpo novo.

Se Count Basie precisou de *sidemen* excepcionais, como Lester Young, para registrar as obras-primas de sua orquestra, o mesmo não se pode dizer de Young.

Tendo crescido como músico nas orquestras de Benny Moten e de Basie, em Kansas City, Lester Young foi convidado por Fletcher Henderson (1898-1952) para substituir nada menos do que Coleman Hawkins, em 1934, mas não ficou muito tempo na *big band* de Henderson, pois o líder e arranjador queria que ele tocasse no estilo musculoso e cheio de vibrato de Hawkins.

Ao voltar para Basie, depois de breve estágio na orquestra de Andy Kirk, Lester pôde impor seu estilo, embora durante dois anos tivesse de enfrentar a oposição de Herschell Evans (1909-1939), para todos os efeitos o saxofonista número um da orquestra, cultor do estilo robusto de Coleman

Hawkins, e que censurava Young por tocar o tenor com a leveza de um sax alto.

Mas o paralelo Hawkins-Young (ou entre as maneiras *hot* e *cool* de tocar *jazz*) não deve ser feito apenas no plano da sonoridade ou do timbre. Lester Young introduzia dentro da orquestra de Basie um novo discurso harmônico-melódico e uma nova concepção de *beat* que o faziam um músico mais revolucionário que Hawkins, sem desmerecer a contribuição deste "reinventor do saxofone" à gestação do *jazz* moderno, com o seu clássico solo sobre a base harmônica de "Body and Soul" (1939).

"A sonoridade interiorizada de Lester" — observou com precisão André Francis[1] — "conjuga-se excelentemente com seu estilo móvel de cortes rítmicos avançados e cheios de surpresas, com seu *swing* desligado, relaxado, que dá a impressão de planar por sobre o ritmo. Numa época em que havia o hábito de acentuar os tempos fortes, Lester Young, preparando sem saber o estilo *bop*, valoriza indiferentemente não importa que tempo. Seu gênio de ritmista permite-lhe evitar a desordem, ao mesmo tempo em que complica, à vontade, a arquitetura temporal. Incorporando mais estreitamente suas novas concepções rítmicas ao quadro geral da harmonia, e para colorir suas saltitantes linhas melódicas, Lester enriqueceria, pouco a pouco, durante os anos que passou com Basie, a linguagem um pouco seca do *jazz*, com a introdução dos acordes de passagem."

No espaço geralmente limitado que lhe era dado como solista nas gravações da primeira fase da orquestra de Basie, Lester Young não podia expandir-se como gostaria, e como fez, nas décadas de 40 e 50, como líder de pequenos conjuntos ou como solista em *blowing sessions*. Mas basta ouvir seus solos em "Lady Be Good" e "Shoeshine Boy", em 1936, para se sentir que um novo *chefe de escola* surgia, provando, através do sax-tenor, que o *jazz* não era, ritmicamente, apenas uma música sincopada; que a improvisação não era simplesmente a arte de ornamentar uma melodia; que era possível ser lírico e introvertido sem perder o *beat* e o *swing*. Os dois *choruses* de "Lady Be Good", totalizando 64 compassos, são um paradigma da concepção melódica lesteriana, sintetizada numa frase de Whitney Balliett:[2] "Ele guardava na cabeça as melodias originais, mas o que surgia eram seus sonhos sobre elas."

Com grupos formados tendo como base a orquestra de Basie, Lester Young gravou, a nosso ver, sua obra mais representativa, sem desmerecer as sessões Aladdin (1945-48), reeditadas pela Blue Note, em que Young teve a companhia de pianistas *bop* como Dodo Marmarosa e o grande Joe Albany. As faces gravadas pelos Kansas City Seven, em 1939 e em 1944, são um repositório de solos excepcionais de Lester Young. O conjunto de 1939 (Basie, Buck Clayton, Dickie Wells, Freddie Green, Jo Jones, Walter Page) é o mesmo de 1944, com exceção de Rodney Richardson (baixo), em lugar de Page.

"Taxi War Dance" e "Lester Leaps In" são as obras-primas de 1939; "After Theatre Jump" e "Destination K.C.", registradas em 22 de março de 1944, *masterpieces* de um Lester Young já maduro, dono de um som

1 André Francis, *Jazz*. Paris: Editions du Seuil, 1963, p. 76.

2 Whitney Balliett, *Jelly Roll, Jabo and Fats/19 Portraits in Jazz*. Nova York: Oxford University Press, 1983, p. 123.

mais denso, senhor do tempo, generoso nos contrastes entre os registros alto e baixo do tenor.

Minado pelo álcool e pelas drogas, Lester Young morreu, esquizofrênico, antes de completar 50 anos, em 1959. Sua obra, na última década de sua vida, chegou a ser considerada decadente pela maioria da crítica especializada. Mas o declínio físico de Young não se reflete, de maneira alguma, em muitos momentos registrados em disco na década de 50. A crítica mais bem equipada dos anos recentes vem fazendo um revisão do que se tornou um preconceito. John Litweiler[3] escreveu com lucidez: "Certamente, a maioria de suas grandes obras foi realizada em 1936-39, quando seus impulsos líricos e suas atitudes românticas eram tão inevitáveis como os de Parker, Gillespie e Powell, poucos anos depois. Ao contrário deles, Young ficou insatisfeito com uma arte puramente lírica, e suas últimas duas décadas demonstram uma procura difícil, quase sempre brilhantemente bem-sucedida, de uma ordem de expressão mais profunda e emocionalmente mais complexa."

Em 1981, a Pablo editou quatro volumes contendo gravações feitas pelo pianista Bill Potts, num clube de Washington, em 1956. Potts era o líder do trio que acompanhou Lester Young nessas faixas, que devem ser consideradas o monumento final da obra lesteriana. O respeito e o culto de músicos jovens de Washington, reverentemente reunidos para acolitar um gênio já perto da morte, deram a Lester Young tranqüilidade e *aisance* para perpetuar um conjunto de belíssimos solos, entre os quais obras-primas como os *choruses* em "Fast B Flat Blues" (vol. 1), "Just You, Just Me" e "Up'n Adam" (vol. 3).

Quatro meses depois de Lester Young, morria também, aos 44 anos, a cantora Billie Holiday. Descoberta por John Hammond, em 1933, Billie gravou em novembro daquele ano com Benny Goodman, e a partir de 1935 com pequenos conjuntos liderados pelo pianista Teddy Wilson, incluindo *jazzmen* da estatura de Roy Eldridge, Ben Webster, Johnny Hodges e Harry Carney. Mas foi em 1937, quando se tornou vocalista da orquestra de Basie, que Billie Holiday estabeleceu um relacionamento íntimo, em todos os sentidos, com Lester Young, refletido nos discos que os dois gravaram até 1941. Esse período de cinco anos é o melhor da carreira dramática da maior cantora de *jazz* de todos os tempos, que acabou destruída pelo álcool e pela heroína.

Os discos de Billie Holiday como vocalista da banda de Basie são raros, pois, por motivos contratuais, eles não podiam gravar juntos (há três registros de emissões radiofônicas no volume 1 da série *The Billie Holiday Story*, da Columbia). Mas não há dúvida de que o clima distendido de Basie & Cia. favoreceu um notável encontro de temperamentos gêmeos. Ao lado de Billie, que tinha um senso de *timing* e recriação melódica idêntico ao seu, Lester Young passou a se comportar como um mestre-sala evoluindo em torno de sua porta-bandeira, para usar uma terminologia de escola de samba. Introduzia-a e a envolvia com sutis comentários (*obligatos*) e solos curtos para realçar, quase com reverência, a expressão pungente ou langorosa pretendida por Billie.

Sem usar a técnica do *scat singing*, popularizada por Louis Armstrong e empregada constantemente por Ella Fitzgerald, Sarah Vaughan e

[3] *Down Beat*, janeiro de 1981, p. 40.

outros vocalistas modernos, Billie Holiday tratava os fonemas e as palavras das canções que interpretava, mesmo as mais *standards*, como se fossem notas e acordes musicais. As frases eram divididas como compassos, de acordo com seu *feeling* rítmico, formando *choruses* perfeitamente integrados na *performance* dos conjuntos jazzísticos em que sua voz era o principal instrumento. Embora não fosse propriamente uma cantora de *blues*, o timbre único de sua voz e um *blues feeling* certamente herdado de Bessie Smith (1894-1937) davam uma coloração decididamente *bluesy* às suas interpretações mais triviais.

As obras-primas de "Lady Day" estão nos discos que gravou ao lado de Lester Young, do pianista Teddy Wilson e de outros músicos da orquestra de Basie, ou acompanhada pelo conjunto do Onyx Club de Nova York, liderado pelo trompetista Frankie Newton.

A eleição dessas obras-primas, tendo em vista a quantidade e a qualidade do material registrado, é também uma questão de afeição pessoal. Mas não se pode deixar de incluir, em qualquer seleção, gravações como as de "My Man" (com Teddy Wilson e Buck Clayton, 1937), "God Bless the Child" (com Lester Young e Teddy Wilson, 1939), "The Man I Love" (com Lester Young, Buck Clayton, Joe Sullivan, 1939) e "Strange Fruit" (com Frankie Newton, 1939). Dessas obras, "God Bless the Child", composição da própria "Lady Day", e "Strange Fruit", com versos de Lewis Allen, pintando sombriamente o clima dos linchamentos no Sul dos Estados Unidos, tornaram-se as interpretações mais clássicas de Billie Holiday.

Da mesma forma que Lester Young, a produção da cantora na sua última década de vida foi julgada decadente pela crítica em geral. Críticos da reputação de um Nat Hentoff, no entanto, rejeitam, com toda a razão, essa generalização automática, típica dos saudosistas. Ao comentar as gravações feitas por "Lady Day" para a Clef, em agosto de 1955, com Harry Edison, Benny Carter, Paul Quinichette, Ben Webster e Barney Kessel, entre outros, Nat Hentoff escreveu:[4]

> (. . .) suponho que os nostálgicos repetirão automaticamente que esta não é a Billie Holiday de 15 ou 20 anos atrás. Claro que não. Ninguém permanece sempre o mesmo, sobretudo na arte da auto-expressão. Esta é uma Billie que experimentou muita dor e alguma alegria através dos anos, e uma Billie cuja perspectiva de vida mudou, como acontece com todos, com o passar dos anos. Ela canta de maneira mais reflexiva e desesperançada, mas com não menos profundidade e calor do que há 20 anos.

Essas gravações, reeditadas e lançadas no Brasil, em 1983, são um extraordinário canto de cisne de Billie. "What's New" e "Everything I Have Is Yours" (com Carter e Edison), a nova versão de "God Bless" (com Charlie Shavers e Quinichette), e a faixa-título do álbum, "All or Nothing at All" (com Ben Webster), são obras-primas de uma obra transcendente na história do *jazz*.

[4] *Down Beat Records Reviews*, 1956, p. 109.

## DISCOGRAFIA

*The Best of Count Basie* – MCA 2-4050 (dois discos).
*Paradise Squat* – Verve 2610062 (dois discos).
*Sixteen Men Swinging* – Verve, V-2 2517 (dois discos).
*The Lester Young Story*, vols. 1, 3 e 4 – Columbia, JG 33502, 34840, 34843.
*Pres at His Very Best* – Trip Jazz, TLP 5509 (fora de catálogo).
*Lester Young in Washington, D.C. 1956*, vols. I e III – Pablo Live 2308-228.
*A imortal Billie Holiday* – CBS 137806.
*Strange Fruit* – Atlantic, SD-1614.
*All or Nothing at All* – Verve 2610053.

(As gravações de Lester Young citadas de 1936 e 1939 estão na coleção da Columbia; as do Kansas City Seven, de 1944, no disco da Trip. Os volumes da Pablo Live foram lançados no Brasil. O disco de Billie Holiday da CBS, prensado no Brasil, contém "My Man", "The Man I Love" e o "God Bless the Child" de 1941, com Roy Eldridge no trompete. *Paradise Squat* foi editado no Brasil.)

Benny Goodman

Charlie Christian

Lionel Hampton

BENNY GOODMAN – Nasceu em Chicago, Illinois, em 1909 e morreu em junho de 1986. Estudou clarinete desde cedo, tendo formação musical clássica num momento em que Chicago entrava em plena "Era do *jazz*", adaptando o produto importado de Nova Orleans. Em 1925, aos 16 anos, juntou-se à banda do baterista Ben Pollack, com o qual ficou até 1929, quando passou a gravar abundantemente com diversos conjuntos de *jazz* do estilo Chicago, entre os quais os de Red Nichols, Joe Venuti-Eddie Lang e Jack Teagarden. Tendo firmado sólida reputação como clarinetista e líder, organizou sua *big band* em 1934. Um programa de rádio – "Let's Dance" – divulgou a orquestra, que se tornou popularíssima, sobretudo depois do sucesso obtido no Palomar Ballroom de Los Angeles (1935) e no Congress Hotel de Chicago (1935-36). Sua orquestra foi o primeiro grupo de *jazz* a se apresentar, em público, integrando músicos brancos e negros (Teddy Wilson, Lionel Hampton, Cootie Williams, Charlie Christian). No dia 16 de janeiro de 1938, Benny Goodman e sua orquestra foram consagrados no histórico concerto realizado (e gravado) no Carnegie Hall de Nova York. Goodman destacou-se, ainda, como líder de alguns dos melhores pequenos conjuntos do *swing*: o trio, com Teddy Wilson (piano) e Gene Krupa (bateria); o quarteto, com a adição do vibrafonista Lionel Hampton; o sexteto de 1939, com o guitarrista Charlie Christian. Nos anos 30 e 40, as orquestras e *combos* de Goodman projetaram, além dos já citados, solistas como Harry James (trompete), Georgie Auld (sax tenor) e Jess Stacy (piano). Sua orquestra tornou-se, em 1962, a primeira *jazz band* norte-americana a visitar a URSS. A história de sua vida foi contada no filme *The Benny Goodman Story*, com Steve Allen como Goodman, e o clarinetista atuando na trilha sonora. Nas últimas duas décadas continuou, apesar da idade, participando ativamente da cena jazzística.

CHARLIE CHRISTIAN – Nasceu em Dallas, Texas, 1919; morreu em Nova York, 1942. Começou a se dedicar à guitarra em 1937 e, dois anos depois, era contratado por Benny Goodman como membro de sua orquestra e solista de seu sexteto. Participante ativo das *jam sessions* do Minton's, em Nova York, onde o *bop* tomava forma no início da década de 40, morreu tuberculoso aos 22 anos, reconhecido como pioneiro do *bop*, e considerado o primeiro grande solista de guitarra no *jazz*.

LIONEL HAMPTON – Nasceu em Louisville, Kentucky, 1913. Começou como baterista, mas já havia descoberto o xilofone quando emigrou para a Califórnia, em 1927. Em 1930, já usava, eventualmente, o vibrafone na orquestra de Les Hite. Descoberto por Benny Goodman, em 1936, tornou-se atração especial do quarteto do clarinetista, por ter sido o primeiro a adaptar o vibrafone, com engenho e arte, à linguagem do *jazz*. Entre 1937 e 1941, liderou várias sessões, no melhor estilo *swing*, gravadas pela Victor, à frente de outros solistas notáveis, como Cootie Williams, Johny Hodges, Benny Carter e o pianista Clyde Hart. Em novembro de 1940, Hampton formou sua primeira *big band*, que ficou famosa com o "Flying Home", de 1942. Desde então, vem liderando orquestras, a mais atraente das quais foi a do início da década de 50, que fez muito sucesso na Europa, e incluía músicos *bop* da estatura de Clifford Brown e Art Farmer (trompetes), Jimmy Cleveland (trombone) e Gigi Gryce (sax alto).

O clarinetista Benny Goodman e sua orquestra deram ao *jazz,* na segunda metade da década de 30, uma popularidade sem precedentes, impondo um estilo que, sem desprezar a espontaneidade e a *négritude* da música cultivada por *big bands* como a de Count Basie, preferia enfatizar os aspectos mais assimiláveis da dinâmica do *jazz*, através de arranjos mais padronizados e de uma acentuação rítmica mais dançável. Esse estilo foi o *swing,* que deu a Benny Goodman o discutível título de "Rei", embora não se lhe possa tirar o mérito de ter sido um dos mais completos solistas do *jazz* clássico, e o responsável por momentos inesquecíveis da *Swing Era*, no comando da sua orquestra e dos pequenos conjuntos dela extraídos.

Benny Goodman foi o primeiro grande solista a colocar a serviço do *jazz* uma sólida formação clássica. Na juventude, foi ao mesmo tempo um aluno brilhante do professor Franz Schoppe, de Chicago, e um ouvinte deslumbrado de Jimmy Noone (1895-1944) e Leon Rappolo (1902-1943), dois dos clarinetistas mais representativos dos estilos Nova Orleans e Chicago. Aos 17 anos, tornou-se *sideman* da orquestra tipicamente "Chicago" do baterista Ben Pollack, e lá ficou até 1929, quando foi para Nova York, onde começou a mostrar que era o mais técnico de todos os clarinetistas que o *jazz* conhecera até então.

Sem transmitir a emoção e o *blues feeling* de um Barney Bigard, o senso de organização de Goodman, a limpidez de seu som e a fluidez agradável de seus *choruses* são já evidentes em 1933, sobretudo nas intervenções como membro da orquestra de Jack Teagarden e dos Blue Six do violinista Joe Venutti (1904-1978). Com o grupo de Jack Teagarden, que incluía Charlie Teagarden (trompete) e Gene Krupa (bateria), Goodman gravou, entre outras faces, "Dr. Heckle and Mr. Jibe" e "Texas Tea Party"; com o *combo* de Venutti, formado, entre outros, por músicos da expressão do saxofonista Bud Freeman e do pianista Joe Sullivan, Goodman apareceu com destaque em "Jazz Me Blues" e "Sweet Lorraine". Essas composições não são obras-primas do *jazz*, mas exibem um Goodman senhor de seu instrumento e seguro de seu lugar de expoente entre os músicos de sua época.

Em 1934, com a ajuda de seu cunhado, o produtor e descobridor de talentos John Hammond, funda a orquestra que seria a marca registrada do estilo *swing.* Os melhores músicos brancos da época, como os trompetistas Harry James e Bunny Berigan, o pianista Jess Stacy e o baterista Gene Krupa, garantem um mínimo de qualidade de expressão individual em meio aos arranjos de inegável funcionalidade de Fletcher Henderson, Edgar Sampson, Jimmy Mundy e Mary Lou Williams. A qualidade da expressão individual da orquestra, e do próprio Goodman, é elevada com a contratação de três grandes *jazzmen* negros: Teddy Wilson (1935), Lionel Hampton (1936) e Charlie Christian (1939). Foi usando esses músicos nos seus trio, quarteto e sexteto que Goodman contribuiu corajosamente para a integração racial nos Estados Unidos. Aproveitando sua popularidade e a voga do *swing*, Goodman foi o primeiro *band leader* a se apresentar publicamente com grupos "integrados". O que hoje pode parecer inconcebível para a época, era revolucionário na América dos anos 30.

Como também foi revolucionário o concerto realizado no Carnegie Hall de Nova York, na noite de 16 de janeiro de 1938. Pela primeira vez, o *jazz*, a expressão artística mais universal nascida nos Estados Unidos, entrava pela porta da frente de uma sala de concertos. A orquestra, o trio e o quarteto de Benny Goodman, certamente motivados pelo caráter histórico do evento, atingiram seus níveis mais altos de qualidade musical e animação. As obras-primas da arte de Goodman como instrumentista e chefe de orquestra podem ser recolhidas nesse concerto de 1938, gravado pela Columbia: "Sing, Sing, Sing", veículo para exibição de Gene Krupa, mas também grande página da orquestra e grande momento de Goodman e Harry James como solistas; o definitivo "Stompin' at the Savoy"; o clássico "One O'Clock Jump". As *performances* do trio (com Teddy Wilson e Krupa) e do quarteto (com a adição do vibrafonista Lionel Hampton) são igualmente excepcionais, sobretudo em "Body and Soul" (trio) e "Avalon" (quarteto). Embora o concerto do Carnegie Hall constitua uma série de *performances* primorosas dos clássicos de Benny Goodman, não se pode deixar de considerar também verdadeiras obras-primas as faces gravadas para a Victor pelo trio, em 1935 e 1936. "After You've Gone" (13/7/35), "Lady Be Good" (27/4/36) e "Tiger Rag" (18/11/1936) são registros preciosos do primeiro pequeno conjunto de *jazz* a conseguir uma interação perfeita entre três personalidades marcantes e distintas produzindo um som de *ensemble* único, e variações melódicas engenhosas e decididamente originais para a época.

Em 1939, um guitarrista de 20 anos, descoberto por John Hammond em Oklahoma City, enriqueceria a orquestra de Goodman, tornaria histórico o seu sexteto e a ajudaria a mudar o padrão clássico do *jazz.* Parte do relato de John Hammond sobre a entrada de Charlie Christian na já famosa organização Goodman merece ser transcrita, por ser relevante para a história do *jazz:*[1]

> (. . .) Por essa ocasião, Benny Goodman apresentava um espetáculo semanal no rádio. Voei para Los Angeles na manhã seguinte e, de algum modo, consegui convencer Benny a contratá-lo, usando o cachê de 300 dólares do rádio para lhe custear as despesas de viagem. Ele chegou a LA no dia 10 de agosto e se dirigiu aos estúdios da Columbia, na Western Avenue, onde Benny fazia suas primeiras gravações para a companhia (. . .) Ele era, realmente, um espetáculo para os olhos — um garoto de 19 anos, amedrontado, com um grande chapéu de abas largas do Texas na cabeça, sapatos amarelos bem pontudos, terno verde e camisa roxa com uma gravata berrante. Talvez hoje ele estivesse no estilo da época. Naquela ocasião, não.
>
> Benny recusou-se até mesmo a ouvi-lo com um amplificador, mas, ao fim da sessão, convenci-o a deixá-lo tocar. Charlie tocou guitarra simples e Benny pediu-lhe que tocasse "Tea for Two" e, durante mais ou menos dois minutos, tocaram juntos, depois do que Benny saiu do estúdio profundamente aborrecido e convencido de que aquilo era outro de meus "entusiasmos absurdos".
>
> Meu melhor amigo na ocasião era Artie Bernstein, que tocava contrabaixo com Benny e tocara comigo certa vez num quarteto de cordas, onde fora violoncelista. Artie ouviu o suficiente para ficar impressionado, de modo que ele e eu imaginamos um plano, graças ao qual o mundo musical e Benny ouviriam Charlie naquela noite no Victor Hugo Restaurant, em Beverly Hills. (. . .) Durante o intervalo do jantar, Artie e eu introduzimos furtivamente Charles Christian pela cozinha e o colocamos no estrado da banda — com amplificador e tudo. Benny, dispensa dizer, não tinha a menor idéia de que isso acontecia, pois, durante a pausa, estava muito ocupado, conversando com editores e ou-

[1] *Rudi Blesh, Eight Lives in Jazz/Combo:* USA. Nova York: Hayden Book, 1971, pp. 173-4.

tras celebridades. Eu chamara também uns 20 amigos meus de LA para virem ao bar e formarem uma espécie de claque, de modo que os esforços de Charlie não passassem despercebidos.

Quando Benny subiu ao estrado e viu Charlie sentado ali, pensei que ia, literalmente, dar-me um tiro, pois me dissera que de maneira alguma podia empregá-lo. Vingou-se de mim, contudo, mandando tocar "Rose Room", uma música que tinha certeza que Charlie desconhecia. Benny enganou-se, pois Charlie a conhecia. No terceiro *chorus*, fez sinal a Charlie para tocar. Ele tocou 20 choruses. A sala inteira ficou eletrizada e a música durou 43 minutos, segundo meu cronômetro. Benny conseguiu até convencer Charlie a se sentar com a *big band* após a exibição do quarteto, para grande aborrecimento de Arnold Covey (Covarrubias), seu guitarrista titular.

O aparecimento de Charlie Christian no mundo do *jazz* coincide com a entrada de Jimmy Blanton na orquestra de Duke Ellington. E o paralelismo entre os dois é inevitável. Blanton liberou o contrabaixo do trabalho escravo de marcar o tempo como um metrônomo; seu virtuosismo e uma capacidade de invenção melódica do mesmo nível dos grandes improvisadores em outros instrumentos aparentemente mais ricos deram ao contrabaixo, no *jazz*, uma nova razão de viver. Charlie Christian, por sua vez, emancipou a guitarra, até então instrumento eminentemente rítmico, autorizado a pequenos vôos, sem se atrever a rivalizar, em potência de som ou criatividade melódico-harmônica, com os instrumentos de sopro; primeiro grande guitarrista de *jazz*, seu sentido de tempo, não centrado exclusivamente na marcação 4/4, mas de uma elasticidade surpreendente para a época, anunciava a crescente complexidade rítmica do *jazz* moderno, assim como suas notáveis concepções harmônicas e melódicas antecipavam a estética do *bop*. Blanton e Christian morreram muito jovens, tuberculosos. Blanton, aos 21 anos, em 1942; Christian, naquele mesmo ano, aos 23.

As obras-primas de Charlie Christian foram gravadas no sexteto e na orquestra de Benny Goodman, e por um amador, Jerry Newman, em *jam sessions* do Minton's, onde o *bop* foi tomando sua primeira forma, em 1941.

"Solo Flight" (1941) é a *performance* mais notável gravada por Christian à frente da orquestra, enquanto "Seven Come Eleven" (22/11/1939) é uma peça-chave do período de transição do jazz clássico para o moderno, com um magnífico solo do guitarrista em que aparecem com nitidez intervalos já tipicamente *bop*. O material recolhido ao vivo no Minton's por Jerry Newman, editado pela primeira vez em *long-playing* pela etiqueta Esoteric, em 1953, é, além de histórico, particularmente emocionante por ser um instantâneo sem retoques da gestação do *bop*. Ao lado de Thelonious Monk, Kenny Clarke (bateria), Joe Guy (trompete), Don Byas (sax-tenor), Charlie Christian, livre de qualquer limitação de tempo de gravação, exibe sua prodigiosa invenção melódica e seu agudo senso de tempo, em *takes* como "Up On Teddy's Hill' e "Down On Teddy's Hill".

A organização Goodman dava também muito do seu prestígio a um dos mais vibrantes e exuberantes solistas do *middle jazz:* o vibrafonista Lionel Hampton. Se a obra de Hampton pode ser bem apreciada nos discos que gravou com Benny Goodman, ou na série de faces gravadas para a RCA Victor, de 1937 a 1941, há um solo inesquecível, registrado em agosto de 1947, que merece, sem dúvida alguma, a qualificação de obra-prima. O "Stardust" de Lionel Hampton tem provocado reações entusiasmadas, mas poucas como a que se transcreve a seguir — uma apreciação de Michel

Laverdure da reedição do disco originalmente lançado por Gene Norman, em sua série *Just Jazz*:[2]

> Gravado no Civic Auditorium de Pasadena, por Gene Norman, que procurava, então, concorrer com Norman Granz e seu JATP. Mesma fórmula imprecisa e imprevista. Willie Smith e Corky Corcoran são recrutados na orquestra de Harry James. Barney Kessel, na de Artie Shaw. Tommy Todd e Charlie Shavers, na de Tommy Dorsey. Slam Stewart e Lee Young são acrescentados. Coloca-se Lionel Hampton diante dessa assembléia, e aguarda-se o resultado! Todo o mundo se diverte, é evidente, num alvoroço alegre. (. . .) E, de repente, sem se dar conta, está-se dando à luz . . . uma obra-prima! A história do *jazz* conta algumas interpretações propriamente legendárias. O "Stardust" gravado naquele dia é uma delas. Lionel Hampton desdobrando, redesdobrando o tempo, sobrevoando-o, rindo de suas próprias descobertas, encorajando-se com sua voz, *swinga* num crescendo de idéias, de invenções, um solo que não deveria jamais acabar. O mais belo solo de vibrafone do mundo.

De acordo.

DISCOGRAFIA

*The Complete Benny Goodman*, vol. II – RCA (Bluebird), SXM – 2-5515.
*Carnegie Hall Jazz Concert-1938* – Columbia, CSL-106 (dois discos).
*Solo Flight* – Columbia, CG-30779 (dois discos).
*At Minton's Playhouse, 1941* – Archive of Folk Music (Everest), FS-219.
*Stardust by Lionel Hampton All Stars* – MCA, 127 012.

(As faces gravadas pelo trio de Goodman em 1935 e 1936 estão no volume II da coleção Bluebird; as obras de Christian com Goodman, no álbum *Solo Flight*. O disco da MCA foi editado no Brasil.)

2 *Jazz Magazine*, junho de 1983, p. 50.

# Coleman Hawkins

Coleman Hawkins

Nasceu em Saint-Joseph, Missúri, 1904; morreu em Nova York, 1969. Estudou piano e violoncelo, mas elegeu o sax tenor quando tinha 10 anos. Em 1922, foi convidado por Mamie Smith para acompanhá-la. Sob a proteção da *blues singer*, foi para Nova York, onde se apresentou nos cabarés do Harlem, até ser convocado por Fletcher Henderson, em cuja orquestra pontificou, como primeiro saxofonista, até 1934. Viajou naquele ano para a Europa, onde viveu até 1939, tocando e gravando com *jazzmen* franceses e norte-americanos, entre os quais Django Reinhardt e Benny Carter. Retornando aos Estados Unidos, registrou o clássico solo baseado em "Body and Soul", marco da transição entre o *jazz* clássico e o moderno. Preferindo sempre a moldura do pequeno conjunto, Hawkins, também conhecido como "Bean", manteve-se fiel a seu estilo clássico, mas encorajou os jovens *boppers* das décadas de 40 e 50, tocando com Thelonious Monk, Fats Navarro, Howard McGhee e Max Roach, entre outros. Foi uma das estrelas do Jazz at The Philarmonic de Norman Granz, a partir de 1946. Até pouco antes de sua morte, causada por uma broncopneumonia, foi um dos mais respeitados e requisitados solistas de *jazz*, em festivais, clubes e gravações, nos Estados Unidos e na Europa.

Inventado por Adolphe Sax na década de 1840, o saxofone passou, com o tempo, a ser um instrumento de prestígio nas bandas cívicas e militares, mas nunca foi convidado a ocupar, nas orquestras sinfônicas e nos conjuntos de câmara, os lugares mais nobres oferecidos ao clarinete, ao oboé, ao corne inglês e até mesmo ao fagote.

Compositores eruditos como Bizet (*Arlésienne*), Ravel (orquestração de *Quadros de uma Exposição*, de Mussorgsky), Jacques Ibert (Concerto para Saxofone), Prokofiev (suíte *Tenente Kije*) empregaram-no com timidez, sem preocupação de explorar seus amplos recursos de registro e timbre, e suas inesgotáveis possibilidades de expressão. Foram os *jazzmen* que o redescobriram, talvez por ser o instrumento que unia, como nenhum outro, "à mobilidade do clarinete, o vigor expressivo do trompete".[1]

Mas mesmo no *jazz*, o saxofone começou a ser empregado palidamente, no início da década de 20, em orquestras dos *riverboates* do Mississípi e em algumas bandas que, vindas de Nova Orleans, fixaram-se em Chicago. O saxofonista Stomp Evans teve certa fama como membro da Original Creole Jazz Band de "King" Oliver, e clarinetistas da "escola Chicago", como Frank Trumbauer (1902-1956) e Frank Teschemacher (1906-1932), passaram a se servir do sax alto, já com algum sucesso, mas longe de lhe dar um tratamento à altura de seus recursos e possibilidades.

Coleman Hawkins foi quem, certamente, reinventou o saxofone, particularmente o tenor, impondo ao *jazz* um volume sonoro, uma amplitude de vibrato e uma técnica de execução surpreendentes, tudo isso a serviço de uma musicalidade altamente expressiva, marcada por "um rigor quase esquemático de construção e um lirismo irrepreensível de improvisação".[2]

Ao contrário do lirismo introvertido de Lester Young, o lirismo de Coleman Hawkins é caloroso, extrovertido e passional. Suas frases são veementes, mesmo nos tempos arrastados. Seu estilo vai ser o mais copiado, imitado e recriado, não só pela maioria esmagadora dos saxofonistas tenores das décadas de 30 e 40, entres os quais músicos da expressão de Ben Webster e Chu Berry (1910-1941), mas também por tenoristas modernos e contemporâneos da estatura de Sonny Rollins e Archie Shepp.

A carreira de Coleman Hawkins começa em 1922, na orquestra de Fletcher Henderson, mas é em 1926 que sua arte e influência passam a ser notórias, com seus solos em "Stampede" e "Clarinet Marmelade", ainda na qualidade de *sideman* de Henderson. Depois de deixar a orquestra, em 1934, Hawkins embarca para a Europa, onde permanece até 1939, tocando e gravando com *jazzmen* europeus.

Em Paris, no dia 28 de abril de 1937, Coleman Hawkins gravou três faces — "Crazy Rhythm", "Out of Nowhere" e "Sweet Georgia Brown" — que podem ser consideradas obras-primas do seu período clássico. (Ao seu lado, Benny Carter, sax alto e trompete; André Ekyan, sax alto; Alix Combelle, sax tenor e clarinete; Stéphane Grappelly, piano; Django Reinhardt, guitarra; Eugene d'Hellemmes, baixo; Tommy Benford, bateria).

[1] J.E. Berendt, *op. cit.*, p. 189.
[2] Frank Ténot e Philippe Carles, *Le Jazz*. Paris: Encyclopoche Larousse, Librarie Larousse, 1977, p. 122.

"Crazy Rhythm" — escreveu José Domingos Raffaelli[3] — "é um clássico do *jazz*. (...) A entrada de Hawkins é uma preciosidade pela forma como maneja um *riff* de cinco notas, durante quatro compassos, com sua incrível inventiva, prelúdio adequado para dois *choruses* soberbos; há uma força rítmica que transcende a divisão de compassos, com ininterrupto fluxo de idéias. No fim do primeiro *chorus*, julgando que seu solo ali terminaria, e preparando-se para seu clímax, Hawkins ouve a voz de Benny Carter incitando-o a prosseguir; o que poderia ser a causa de um desastre para um músico menos dotado em nada afetou Hawk, que continua a improvisar com a mesma avalanche de idéias, como se o inesperado aviso no meio de um solo fosse um fato corriqueiro dentro de um estúdio de gravação."

Quando Hawkins retornou aos Estados Unidos, em 1939, Lester Young gravava "Taxi War Dance" e "Lester Leaps In", e seu *novo som* começava a fazer escola. Charlie Christian apontava para o amanhã do *bop* no sexteto de Benny Goodman. Hawk saberia adaptar-se à fase de transição entre o *clássico* e o *moderno* que o *jazz* vivia? Sua escola estaria ultrapassada em face do novo estilo criado por Lester Young?

A resposta foi imediata. Naquele mesmo ano, no mês de outubro, Coleman Hawkins gravou sua obra-prima mais clássica: o extraordinário solo sobre a melodia de "Body and Soul", não apenas uma interpretação livre do tema, mas uma improvisação direta sobre a base harmônica da melodia. Era, sem esquecer a beleza intrínseca da *performance*, uma antecipação conceitual do *jazz* moderno, uma preparação de caminho para as memoráveis paráfrases de Charlie Parker, Tadd Dameron e outros *boppers*.

Coleman Hawkins morreu com 65 anos, em 1969, sem nunca ter conhecido o ocaso. Foi um pioneiro na década de 20, um clássico na década de 30, um amistoso mestre e companheiro de algumas gerações de músicos mais jovens. Gravou com Thelonious Monk, Fatos Navarro, J.J. Johnson, Kenny Clarke e outros *boppers*, e também com músicos de vanguarda da influência de John Coltrane. Sua discografia é variada e rica, nos 30 anos que separam a gravação de "Body and Soul" de sua morte. Mas há dois registros notáveis de sua obra mais recente que merecem a qualificação de obras-primas: "Picasso" (1947) e "Blues for Yolande" (1957), ambos do selo Verve.

"Picasso", um solo de mais de três minutos, sem qualquer acompanhamento, é uma improvisação altamente abstrata baseada na harmonia de "Body and Soul", que, para J. E. Berendt,[4] "é uma reminiscência, em estrutura e delineamento, da Chacona da Partita em Ré Menor para violino de Johan Sebastian Bach, com a mesma vitalidade e linearidade barrocas". "Blues for Yolande", um encontro com seu discípulo maior, Ben Webster, numa sessão em que participam Oscar Peterson (piano), Herb Ellis (guitarra), Ray Brown (baixo) e Alvin Stoller (bateria), contém alguns dos mais belos *choruses* expressos por um sax-tenor na linguagem do *blues*, dando Hawkins uma ênfase magistral à recriação, no registro agudo do saxofone, das invocações típicas dos *blues shouters*.

[3] Notas de contracapa do álbum *Jazzology — Vol. 12/Django Reinhardt-3*. Ver discografia.

[4] J.E. Berendt, *op. cit.*, p. 67.

## DISCOGRAFIA

*Jazzology/Django Reinhardt-3,* vol. 12 — Pathé Marconi/EMI-Oden 052-16004.
*The Smithsonian Collection of Classic Jazz.*
*The Essential Coleman Hawkins* — Verve, VMLP 14047.
*Blue Saxophones/Coleman Hawkins* & *Ben Webster* — Verve, 2332094.

(As obras-primas de 1937 estão no volume da série *Jazzology.* A antologia da Smithsonian [P.O. Box 10320, Des Moines, Iowa, 50336] contém o "Body and Soul" de 1939. "Picasso" está em *The Essential,* e "Blues for Yolande", em *Blue Saxophones,* ambos prensados no Brasil.)

# Art Tatum

Art Tatum

Nasceu em Toledo, Ohio, 1910; morreu em Los Angeles, Califórnia, 1956. Praticamente cego de nascença, estudou violino, antes de se dedicar totalmente ao piano. A cantora Adelaide Hall convidou-o para acompanhá-la, levando-o para Nova York, em 1932. A gravação de "Tiger Rag", para a Brunswick, em 1933, fez a fama de Tatum que, entre 1935 e 1937, foi a atração máxima do clube Three Deuces, de Chicago. Andou depois pela Califórnia, apresentou-se na Inglaterra (1938) e, de volta a Nova York, passou a se apresentar no Onyx Club. Em 1943, formou um trio com Tiny Grimes, depois Everett Barksdale (guitarra) e Slam Stewart (baixo). Em 1953, Tatum gravou, solo, centenas de faixas para Norman Granz (Verve/Pablo), das quais 121 foram editadas na série *The Tatum Solo Masterpieces.* Também para Granz, gravou uma série de sessões, ao lado de solistas escolhidos de grande expressão, como Roy Eldridge, Ben Webster e Lionel Hampton (*The Tatum Group Masterpieces*).

Earl Hines, com seu *trumpet-piano style,* deu o tom do piano no *jazz*, integrando-o à orquestra ou ao pequeno conjunto, em igualdade de condições com os demais instrumentos de sopro. Art Tatum foi o primeiro grande virtuoso do piano na história do *jazz*, o primeiro *jazzman* a dominar o piano, com a segurança de um concertista, explorando seus recursos "orquestrais" em profundidade. A admiração que Tatum provocou quando apareceu em Nova York, em 1933, não se limitou aos músicos e críticos de *jazz*. Concertistas eruditos, como Vladimir Horowitz e Walter Gieseking, iam ouvi-lo no Onyx Club, com muita atenção e respeito pela sua capacidade de improvisar incansavelmente, com incrível destreza, sobre os mais diversos motivos, com impecável senso de organização melódica e um emprego pródigo de harmonias espessas. Tatum tocava qualquer tema, em qualquer tom, e gostava de exibir sua velocidade em pistas cheias de obstáculos, como as de ré bemol e sol bemol, fartas em notas pretas.

Tendo sido um músico de transição entre o *swing* e o *bop,* mais talentoso do que culto, mais *gourmand* do que *gourmet*, Tatum não foi um pianista de *jazz* tão "autêntico" como Hines, nem tão criativo como Bud Powell. Suas cascatas de arpejos e glissandos sempre acrescentaram às suas *performances* um decorativismo exagerado, também presente na obra do seu mais importante discípulo moderno, Oscar Peterson. Mas esses defeitos de um temperamento dionisíaco não superam, nem de longe, as qualidades que o fizeram uma legenda e um dos precursores do *jazz* moderno. "Tatum" – anotou com propriedade Morley Jones[1] – "pode ser considerado um precursor do *bop,* por causa da maneira com que trabalhou temas medíocres, transformando-os em complicadas reinterpretações e, mais importante ainda, pela maneira com que questionou, implacavelmente, os princípios aceitos da improvisação, buscando incessantemente formas novas de construção, a partir de materiais velhos."

Pode-se dividir a obra de Tatum em três blocos, correspondentes às três décadas produtivas de sua vida, até sua morte, em novembro de 1956: as gravações da década de 30, entre as quais o "Tiger Rag" de 21 de março de 1933, que o violinista e pianista Stéphane Grappelli, ao ouvir pela primeira vez, pensou ser obra conjunta de dois pianistas; as *performances,* solo e trio (com Slam Stewart no baixo e Tiny Grimes na guitarra), registrada entre 1941 e 1944, e as três sessões de solos feitas para a Capitol entre julho e setembro de 1949; as 121 faces gravadas por Norman Granz, entre dezembro de 1953 e abril de 1954, perfazendo oito horas de piano, editadas numa série de 13 LPs, e os oito discos, gravados também por Granz, com pequenos conjuntos integrados por músicos da representatividade de Ben Webster, Benny Carter e Roy Eldridge.

Se o "Tiger Rag" de 1933 pode ser isolado como uma obra-prima dos primeiros anos de Tatum, deve-se depois compará-lo com a versão constante do álbum duplo da MCA *Art Tatum: Masterpieces (1941-1944),* na qual o pianista está no ápice de sua glória. Das faixas com o trio, em que sempre se destaca o baixo cantante de Slam Stewart, o "I Got Rhythm" é inesquecível. As 16 faces gravadas por Tatum para a Capitol em

[1] Morley Jones, *The Simon & Shuster Listener's Guide to Jazz.* Nova York: Fireside Book, Simon & Shuster, 1980, p. 25.

julho e setembro de 1949, sem acompanhamento, formam, a nosso ver, o conjunto mais sintético e harmonioso de sua prolífera obra. Desse conjunto, sobressaem duas obras-primas: "Willow Weep For Me" e "Aunt Hagar's Blues". Para Dick Katz,[2] os dois *choruses* de "Willow" mostram "sua habilidade em combinar seu virtuosismo basicamente europeu com seu *blues feeling* muito afro-americano", sendo a *performance* "uma maravilha de construção e conteúdo". "Aunt Hagar's" é uma original e por vezes dissonante interpretação do *blues* básico. É quase impossível selecionar apenas dois ou três momentos excepcionais na monumental série de piano solo gravada por Norman Granz. Mas as interpretações de Tatum de "Jitterburg Waltz", o clássico de Fats Waller, "You're Driving Me Crazy" e "Too Marvelous For Words" permanecem como detalhes notáveis do imenso painel concebido por esse rapsodo do *jazz*, cuja cegueira progressiva talvez lhe tenha proporcionado uma visão cada vez mais integral das sete oitavas do piano.

DISCOGRAFIA

*Piano Starts Here* – Columbia, CS-9655.
*Art Tatum Masterpieces* – MCA2-4019 (dois discos).
*Solo Piano/Capitol Jazz Classics, vol. 3* – Capitol, 13014-2C.
*The Tatum Solo Masterpieces* – Pablo, 2310.723.

(Os dois últimos foram prensados no Brasil.)

2 Notas de apresentação do álbum *The Smithsonian Collection of Classic Jazz*, Smithsonian Institution, 1973, p. 26.

# Charlie Parker

Charlie Parker

Nasceu em Kansas City, Missúri, 1920; morreu em Nova York, 1955. Tocando sax alto desde a escola, Parker começou a ser notado na orquestra de Jay McShan, na qual ingressou em 1937, e com a qual gravou seu primeiro disco (1941). Fixou-se em Nova York em 1939, passando a freqüentar as noitadas do Monroe's e do Minton's, nas quais o *bebop* nasceu. Foi, desde logo, a figura central do estilo, ao lado de Dizzy Gillespie, com o qual formou um quinteto célebre, em 1945, depois de ter sido *sideman* nas orquestras de Earl Hines e de Billy Eckstine. Liderou, em seguida, o histórico quinteto com o jovem Miles Davis, Bud Powell, Curley Russell e Max Roach, com o qual gravou os clássicos "Koko" e "Billie's Bounce". Reencontrou-se com Dizzy Gillespie, no fim de 1945, no clube Billy Berg's, de Hollywood, gravando na Califórnia uma série de faces para a Dial, interrompida por uma crise de depressão nervosa, agravada por ingestão de drogas e de álcool, que o deixou no Camarillo State Hospital por sete meses. Parker tocou, eventualmente, com a *troupe* Jazz at The Philarmonic, de Norman Granz (1946-49), e foi recebido na Escandinávia, em 1950, com as honras devidas ao maior improvisador da história do *jazz*. Em 1953, foi a estrela do histórico concerto do Massey Hall, de Toronto, reunindo os outros grandes nomes do *bop*: Gillespie, Bud Powell, Charlie Mingus e Max Roach. A morte de sua filha Pree, em 1954, levou Parker a uma tentativa de suicídio e a uma nova e séria dependência do álcool e das drogas. Tentou voltar à atividade no início de 1955, no Birdland (clube de Nova York batizado em sua homenagem), mas um ataque cardíaco matou-o, no dia 12 de março, no apartamento de sua amiga e protetora, a baronesa Nica de Koeningswarter.

Se em 1928, com "West End Blues", Louis Armstrong indicou a direção estilística geral que o *jazz* seguiria nos anos seguintes, Charlie Parker, menos de 20 anos depois, revolucionou a estética do *jazz*, dando-lhe uma nova razão de existência, ao alargar suas fronteiras e descortinar um horizonte muito mais amplo. Manejando o saxofone alto com uma técnica e uma destreza sem precedentes, produzindo um novo som, franco, agridoce e despojado, Parker transformou radicalmente, a partir de um instrumento monódico, os conceitos melódicos, rítmicos e harmônicos que o *jazz* clássico havia estabelecido e desenvolvido, através das obras de Armstrong, Jelly Roll Morton, Duke Ellington, Coleman Hawkins e Lester Young.

Na música de Charlie "Bird" Parker estão sintetizados, em sua forma mais perfeita, os elementos essenciais do estilo a que se deu o nome de *bop* ou *bebop:* fraseado e discurso melódico de grande mobilidade, buscando não mais apenas a ornamentação do tema, mas sobretudo a exploração harmônica; repertório em grande parte próprio, a partir de paráfrases de *standards;* emprego de temperos harmônicos típicos, como os acordes aumentados de quintas e de sétimas (*flatted fifths* e *sevenths*); tendência politonal da frase; descontinuidade rítmica como corolário da decomposição do tempo.

A obra de Charlie Parker, gênio do *jazz*, é tão excepcional e influente como as obras de Stravinsky e de Picasso, no panorama da música erudita e das artes plásticas, embora tenha ele vivido apenas 35 anos, vítima que foi do alcoolismo e das drogas.

Sua obra madura foi gravada entre 1945 e 1953. De julho de 1946 a fevereiro de 1947, há um hiato correspondente à sua internação numa clínica de Camarillo, Califórnia, depois de um grave *break down* nervoso. Nos seus últimos dois anos de vida não há registro fonográfico importante, pois as condições físicas de Parker eram cada vez mais lamentáveis.

Mas a primeira obra-prima do *bop* não pertence apenas a Charlie Parker. Deve ser atribuída, igualmente, ao trompetista Dizzy Gillespie, que, liderando um quinteto com "Bird", Al Haig (piano), Curley Russell (baixo) e Sid Catlett (bateria), gravou para a etiqueta Jazz Guild, no dia 11 de maio de 1945, "Hot House", belíssima composição de Tadd Dameron (1917-1965), criada sobre as harmonias de "What Is This Thing Called Love". Os solos de Gillespie e Parker a partir da composição de Dameron – "uma obra tão acabada que durante 10 anos o *jazz* viveu do seu lançamento"[1] – plasmam a estética do *bop*.

Seis meses depois, já como líder, Charlie Parker começou a gravar uma série de obras-primas para as etiquetas Savoy e Dial. As três primeiras – três originais seus, "Koko", "Billie's Bounce" e "Now's the Time" – foram registradas pela Savoy no dia 26 de novembro. A seção rítmica era formada por Max Roach (bateria), Curley Russell (baixo) e Argone Thorton, aliás Sadik Hakim (piano), embora Dizzy Gillespie tenha também se sentado ao piano em "Koko". Miles Davis, então com 19 anos, é o trompetista ouvido em "Billie's Bounce" e "Now's the Time", enquanto Gillespie toca trompete em "Koko".

[1] André Francis, *op. cit.*, p. 105.

"Koko", a paráfrase parkeriana de "Cherokee", talvez contenha o solo mais alucinante de "Bird": 128 compassos de indescritível emoção, o tempo vertiginoso e assimétrico harmonizando-se com um lirismo intenso e nada convencional. "Billie's Bounce" e "Now's the Time", que se tornaram clássicos do *bop*, são exemplos antológicos da maneira parkeriana de tratar os *blues*. ("Os três *choruses* em 'Now's the Time'" – anotaram Brian Case e Stan Britt[2] – "são um modelo do modo moderno de tocar os *blues*, as curvas e descidas da linha melódica tocando sutilmente as notas do acorde de base, a forma infinitamente elástica do solo acomodando passagens em tempo dobrado e acordes inusitados como o de segunda aumentado e o de sétima menor".)

No dia 28 de março de 1946, em Hollywood, Charlie Parker gravou para a Dial, à frente de um septeto que incluía Miles Davis, Lucky Thompson (sax tenor) e Dodo Marmarosa (piano), outras três obras-primas, a partir de originais seus, que se tornariam clássicos do *jazz* moderno: "Moose the Mooche", "Ornithology" e "Yardbird Suite". Composições em tempo médio, todas elas são veículos para introduções e solos memoráveis de Parker, que usa e abusa do seu *rubato* característico no clima bitonal de "Moose", na recriação por sobre os acordes de "How High The Moon", que é "Ornithology", e na passagem da ponte intensamente lírica de "Yardbird", retomada e magistralmente desenvolvida a seguir, num contexto em que Miles Davis faz ainda sua *high school,* Dodo Marmarosa mostra-se o único músico à altura das provocações rítmicas e harmônicas de Parker, e Lucky Thompson procura, da melhor maneira possível, desincumbir-se de um papel acima de suas possibilidades.

Das obras-primas de 1947, registradas pela Dial, merecem destaque "Klact-oveeseds-teen" (4 de novembro) e as baladas "Embraceable You" (28 de outubro) e "Don't Blame Me" (4 de novembro). Nas duas últimas, "Bird" atinge os níveis mais elevados de sua arte de interpretação e recriação de baladas que já haviam caído no domínio público da música convencional norte-americana. Outros grandes saxofonistas, como Johnny Hodges e Ben Webster, foram mestres na jazzificação de baladas, ornamentando a melodia básica em longas e sinuosas frases por sobre um *beat* sutil, ou tornando-a mais expressiva através de efeitos de inflexão e timbre. Parker transforma a balada mais convencional, mesmo quando expõe o tema de forma mais ou menos direta, numa peça de grande densidade musical, em que um lirismo intenso, mas nunca afetado, exibe com o detalhe da câmara lenta o verso e o anverso do complexo fraseado parkeriano.

"Klact-oveeseds-teen" foi descrita por Ross Russell,[3] produtor das sessões Dial, de 1947, da seguinte maneira:

> Há um estranho tema em uníssono apoiado por figuras percussivas polirrítmicas urgentes. O saxofone entra – uma metralhadora louca espalhando explosões curtas de notas ao acaso e em todas as direções, uma série de fragmentos de som que parecem não ter conexão ou continuidade. Tudo parece doido, desconjuntado, totalmente fora de controle. (...) Então, nos últimos compassos, as coisas se arrumam, tudo é resolvido, e todo o solo lá está, como se decifrado de um código morse musical por uma inteligência musical superior.

2 Brain Case e Stan Britt, *The Illustrated Encyclopedia of Jazz.* New York: Harmony Boal, 1978.

3 Notas da contracapa do álbum *The Very Best of Bird.* Ver discografia.

A descrição de Russell ressalta um dos aspectos mais notáveis do discurso parkeriano: a construção dos solos a partir da decomposição do tema, de uma forma descontínua e espasmódica, numa série de justaposições, até que, ao final, a "cena" inicial é retomada, numa técnica que pode ser comparada à do *flashback* cinematográfico.

Há ainda, na década de 40, duas sessões Savoy que contêm pelo menos três obras-primas em matéria de forma e conteúdo. Em maio de 1947, acompanhado por Bud Powell, Max Roach e Tommy Potter, além de Miles Davis, Parker gravou "Donna Lee" e "Chasin' the Bird" e, em abril de 1948, com John Lewis e Curley Russell substituindo Powell e Potter, "Ah-Leu-Cha". Nas duas primeiras composições, "Bird" abandona a forma clássica do *bop* de apresentação do tema em uníssono, embora mantendo a estrutura AABA (sendo B a ponte improvisada), para expô-lo em contraponto. "Donna Lee", baseada nos acordes de "Indiana", é uma das mais belas e lancinantes composições do *jazz* moderno, o tema desenvolvido em *fugato*, forçando a expansão dos limites da linha melódica, abrindo um caminho que seria pouco depois desbravado por Lennie Tristano e sua escola.

Depois da série de discos Savoy e Dial, Parker foi contratado pelo empresário Norman Granz, que o fez gravar em várias situações, inclusive com acompanhamento de cordas, com a orquestra afro-cubana de Machito, de gosto duvidoso, e com a *troupe* Jazz at the Philarmonic. Das sessões promovidas por Norman Granz, a mais importante foi, sem dúvida, a gravada pela Mercury, em 6 de junho de 1950, na qual "Bird" se fez cercar de Dizzy Gillespie, Thelonious Monk, Curley Russell e Buddy Rich (bateria).

"Bloomdido", "An Oscar for Treadwell" e "Mohawk" exibem um Charlie Parker no vértice de sua arte, estimulado por dois *partners* à sua altura, e também no apogeu de suas faculdades musicais: Monk, um dos inventores do *bop,* criando um clima percussivo, assimétrico, politonal, e "modernizando" ainda mais a linguagem de "Bird"; Gillespie propondo ou aceitando uma brilhante competição em matéria de inventividade e domínio instrumental.

Dois anos antes de sua morte, Parker ainda era um músico extraordinário, um solista soberbo, conforme atestam os registros feitos em clubes e concertos durante o ano de 1953. Há a noite de fevereiro, em Washington, preservada pelo pianista Bill Potts e revelada em 1982 pela Elektra/Musician (*Charlie Parker with The Orchestra*); há três faces excepcionais ("Cool Blues", "Star Eyes" e "Moose the Mooche") gravadas numa noite de maio, no Birdland, em Nova York, editadas em 1977 pela Columbia (*Summit Meeting at Birdland*); e há, finalmente, o concerto realizado no Massey Hall de Toronto, no Canadá, também em maio, que ficou conhecido como "o maior concerto de *jazz* de todos os tempos".

O concerto de Toronto é, antes de mais nada, a reunião inesquecível das cinco maiores e mais influentes figuras do *jazz* moderno: Parker, Dizzy Gillespie, Bud Powell, Charlie Mingus e Max Roach. Mas, ao contrário das conferências de cúpula que se caracterizam por discussões intermináveis e estéreis, o *summit meeting* de Toronto é um conjunto harmonioso de discursos inspirados das mais eloqüentes vozes do *bop*. Se Gillespie é o mais eletrizante de todos os solistas, sobretudo em "Night in Tunisia", a arte de Charlie Parker está inteira e no esplendor de sua maturidade, fazendo de "Hot House", "Wee" e "All the Things You Are" obras-primas da fase derradeira do *bop* clássico.

DISCOGRAFIA

*Bird/The Savoy Recordings* – Savoy, SJL 2201 (dois discos).
*The Very Best of Bird* – WEA, 56004/5 (dois discos).
*The Verve Years* – Verve, V2-2501 (três discos).
*The Greatest Jazz Concert Ever* – Prestige, P 24024 (dois discos).
*Charlie Parker with the Orchestra* – Elektra/Musician, 22051.

(As obras-primas gravadas originalmente para a etiqueta Dial encontram-se no álbum da WEA, editado no Brasil. A sessão com Gillespie e Monk, que produziu "Bloomdido", "Mohawk" e "An Oscar for Treadwell", é parte da coleção da Verve. O álbum duplo da Prestige, com todo o concerto do Massey Hall, foi prensado no Brasil pela Top Tape e o disco Elektra/Musician, pela WEA.)

# Dizzy Gillespie

Dizzy Gillespie

Nasceu em Cheraw, Carolina do Sul, 1917. Começou a estudar trompete aos 14 anos, tornando-se músico profissional aos 18, em Filadélfia. Em 1937, viajou para a Europa com a orquestra de Teddy Hill. De volta aos Estados Unidos, destacou-se na seção de metais da orquestra de Cab Calloway (1939-41). Conheceu Charlie Parker na orquestra de Earl Hines (1942-43), com ele participou das *jam sessions* do Minton's, com ele voltou a tocar na orquestra de Billy Eckstine, e com ele formou o histórico quinteto que gravou os clássicos *bop* "Salt Peanuts" e "Hot House", em 1945. Em 1946, Dizzy organizou a primeira *big band* tipicamente *bop*, integrando, em diversos arranjos, o ritmo afro-cubano ao idioma jazzístico. A orquestra fez grande sucesso na Europa, em 1948, mas foi desfeita em 1950. Também como

Charlie Parker, Dizzy participou dos concertos das séries Jazz at The Philarmonic, até que, em 1956, reorganizou sua grande orquestra para uma *tournée* pela Ásia, Oriente Médio e América do Sul, inclusive o Brasil. A partir de 1958, e durante a década de 60, voltou a liderar pequenos conjuntos, dos quais os quintetos com Lalo Schifrin (piano)-Leo Wright (sax alto) e com James Moody (sax tenor)-Kanny Barron (piano) foram os mais bem-sucedidos. Ativíssimo até hoje, gravando para a Pablo, ou em concertos e festivais, nos Estados Unidos e na Europa, Gillespie é também um excepcional vocalista *bop* e um completo *show man.* Compôs alguns dos mais célebres temas *bop*, como "A Night in Tunisia", "Groovin' High", "Con Alma", "Manteca" e "Woody'n You".

O título de maior e mais influente trompetista da história do *jazz* pertenceu, durante décadas, sem contestação, a Louis Armstrong. Era difícil imaginar, ainda nos anos 40, que pudesse aparecer um trompetista que o igualasse em matéria de técnica, brilho e inventividade, até que John Birks "Dizzy" Gillespie despontou nas noites do Minton's e nas primeiras gravações decididamente *bop*, ao lado de Charlie Parker, como o mais excitante e revolucionário de todos os trompetistas de *jazz*, senhor de uma técnica tão soberba como a de Armstrong, embora se expressando num dialeto tão exótico, para os amantes do *jazz* clássico, como o basco.

Dizzy Gillespie — ex-*sideman* das orquestras de Ted Hill, Cab Calloway, Earl Hines e Billy Eckstine — era um admirador do estilo de Roy Eldridge, músico de transição entre o *swing* e o *bop*, quando se familiarizou com os acordes de Thelonious Monk e o fraseado de Charlie Parker. Dominando como poucos a massa sonora do trompete, não lhe foi difícil desenvolver a linguagem do *bop* no que ela tinha de mais complexo e virtuosístico. Em pouco tempo, "Bird" e "Dizzy" entendiam-se tão telepaticamente, e estavam tão avançados em relação aos demais saxofonistas e trompetistas, que acabaram por plasmar, a partir de suas necessidades básicas (apenas uma seção rítmica mínima) o formato do pequeno conjunto, a concepção temática e a arquitetura da improvisação tipicamente *bop*.

Esse entendimento telepático é exibido já em maio de 1945, nas gravações feitas para a Guild de dois clássicos do *bop* que se tornaram também obras-primas do *jazz* moderno e da arte de Dizzy Gillespie: "Hot House" e "Salt Peanuts". Nesta última, o trompetista já alardeia uma técnica surpreendente, explorando os agudos em tempo muito rápido, mas sem nunca perder o fio da meada ou deixar de sustentar o clima alegre e descontraído do tema. Das sessões de 1945, em que "Bird" e "Diz" estabeleceram os padrões do *bop*, não se pode esquecer a que produziu "Groovin' High", belo e nostálgico tema de Dizzy, em tempo médio. O conjunto que acompanha Parker e Gillespie nessa gravação (Slam Stewart e seu baixo cantante, o baterista Cozy Cole, o guitarrista Remo Palmieri, o pianista Clyde Hart) é mais *swing* do que *bop*, e o contraste serve para ressaltar a *modernidade* dos dois grandes solistas, embora Gillespie, interrompendo o solo convencional de Palmieri, encerre a *performance* fazendo, em forma de coda, uma homenagem a Louis Armstrong.

As outras obras-primas que Dizzy Gillespie gravou em companhia de Charlie Parker foram apreciadas no capítulo anterior (sessão *Bird & Diz*, Mercury-Verve, e o histórico concerto do Massey Hall, em 1953).

Mas a exuberância do trompete de Gillespie e seu gosto por um certo paroxismo sonoro regalam-se ainda mais na moldura da grande orquestra por ele formada e liderada entre 1946 e 1950.

"O estilo *heróico* de Dizzy" — escreveu Pierre Michelot[1] — determinou verdadeiramente o clima e as características musicais de sua formação (a orquestra), pelo menos no essencial. (...) Dizzy nunca tocou tão bem quanto sustentado por sua grande orquestra. Esta fornecia à sua arte violenta um apoio explícito que o levava, de um golpe, a seu

[1] *Les Cahiers du Jazz*, nº 7, 1962, p. 13.

ponto mais alto de riqueza. Jamais, parece, a história do *jazz* testemunhou uma osmose mais completa e mais bem-sucedida entre um solista de exceção e uma formação modelada à sua imagem."

Com músicos da estatura de James Moody (sax tenor), Ernie Henry (sax alto), Milt Jackson (vibrafone), Dave Burns e Elman Wright (trompetes), Kenny Clarke (bateria) e Chano Pozo (bongô), e arranjadores da expressão de Walter "Gil" Fuller e John Lewis, a orquestra estava à altura do gênio de Gillespie. "Things to Come", de "Gil" Fuller, e o *blues* "Emanon", de Gillespie, gravados em 1946, são as obras-primas dessa fase da orquestra. As "estridências triunfais" concebidas por Fuller em "Things to Come" propelem um dos solos mais antológicos de Dizzy; "Emanon" ("No Name", ao contrário) é um diálogo muito inteligente entre Dizzy e as vozes em uníssono das seções de metais e de palhetas, aquela sublinhando a sonoridade difusa do *bop*, esta soando de maneira *bluesy* mais tradicional.

Na década de 50, Dizzy Gillespie foi contratado pelo empresário Norman Granz, participando de uma série de sessões originalmente gravadas pela Norgran, e depois reeditadas pela Verve, em companhia de estrelas do brilho de Sonny Rollins, Stan Getz e Sonny Stitt. Em 1956, formou nova orquestra para uma *tournée* pelo mundo, incluindo o Brasil, sob os auspícios do Departamento de Estado.

Das sessões produzidas por Granz, naquela época, há uma particularmente memorável, em que Dizzy liderou um sexteto (The Modern Jazz Sextet, no disco Verve original), integrado por Sonny Stitt (sax alto), John Lewis (piano), Skeeter Best (guitarra), Percy Heath (baixo) e Charlie Persip (bateria). "Blues for Bird", obra-prima registrada nessa sessão de 1956, é uma *performance* musicalmente intensa e madura, em que Gillespie exibe um domínio extraordinário da linguagem do *blues* e da massa sonora do trompete, afeita como barro aos seus dedos e ao seu sopro. A participação de Stitt, que soube falar como poucos o dialeto de Charlie Parker, e do piano econômico mas extremamente lúcido e envolvente de John Lewis não pode ser desprezada na avaliação de "Blues for Bird".

A orquestra organizada por Gillespie em 1956 tinha como principais arranjadores o competente Ernie Wilkins e os então jovens Quincy Jones e Melba Liston, os dois últimos também tocando trompete e trombone, respectivamente. Embora Gillespie estivesse no auge de sua forma, a orquestra jamais reprisou aquela qualidade osmótica típica da *big band* de "Emanon" e "Things to Come". O próprio trompetista começava a trocar o espírito de aventura por um certo conformismo com o espírito da época. No seu estudo acima citado, Pierre Michelot, ao comentar o estilo de Gillespie, à frente da orquestra de 1956, anotou com muita propriedade:

> A voga da música *funky* o havia incitado a um retorno manifesto ao *blues*. Seu estilo testemunhava um pouco mais de "bom gosto", abandonava aquela violência efervescente, aquelas corridas caprichosas, aquele deboche imaginativo que o definiam no fim dos anos 40, reencontrados apenas em relâmpagos. Ele havia adquirido em certo *classicismo* o que havia perdido em *tonus*.

Na década de 60, Dizzy Gillespie resolveu voltar à moldura do pequeno conjunto, no formato tipicamente *bop*. O primeiro desses quintetos tinha como principais colaboradores o pianista, compositor e arranjador Lalo Schifrin, descoberta argentina de Dizzy, e o saxofonista alto e flautista Leo Wright. O concerto gravado pelo quinteto, em fevereiro de 1961, no Museu de Arte Moderna de Nova York (*An Electrifying Evening*, Verve) é altamente representativo de um Gillespie quarentão, de brilho e vigor fascinantes, recriando, com músicos 15 anos mais jovens, como Schifrin e Wright, clássicos como "Night in Tunisia" e "Salt Peanuts", ou revelando peças mais trabalhadas tão atraentes como "Kush", composição de sabor oriental em 6/4. O outro quinteto com que Dizzy gravou nos anos 60 ganhou muito em densidade com a integridade do saxofonista James Moody e a competência do pianista Kenny Barron, improvisando sobre composições refinadas de Tom McIntosh e Mal Waldron, como "Theme from the Cool World" (1964), deste último, e "November Afternoon" (1963), daquele. No contexto mais sóbrio que exuberante desse quinteto, Dizzy evita os malabarismos instrumentais, em que sempre foi pródigo, em proveito de uma impostação e de um fraseado altamente refinados.

Mas, em termos de refinamento e maestria, o Gillespie dos anos 60 está inteiro no álbum *Portrait of Duke Ellington*, gravado em 1960 para a Verve. Trata-se de um recital do trompetista com orquestra, a partir de arranjos de Clare Fischer de composições de Ellington, Billy Strayhorn e Juan Tizol.

Ciente da personalidade transbordante de Gillespie e das dificuldades de aprisioná-lo a um estilo orquestral mais impressionista que expressionista, Fischer criou arranjos situando um verdadeiro pequeno conjunto, liderado por Dizzy, dentro da massa orquestral. Essa massa (trompas, clarinetes, tuba, trombone e flauta) nunca se choca com o trompete do líder, e é propositalmente formada por instrumentos de palheta e metais opacos. O pequeno conjunto integrado à orquestra (Bennie Green, trombone; Hank Jones, piano; George Duvivier, baixo; Charlie Persip, bateria) funciona como suporte imediato do discurso gillespiano por sobre o tapete espesso e confortável da escrita de Clare Fischer. Gillespie exibe seu estilo inconfundível em plena maturidade, usando aqui e ali a surdina para conseguir melhor equilíbrio com os arranjos sutis de Fischer. De "In a Mellowtone" a "Come Sunday", passando pelas outras nove seleções da *ellingtonia*, a *performance* de Gillespie é irrepreensível, renovando temas já saturados, como "Caravan" e "Perdido".

Na década de 70 e na que corre, depois de novamente contratado pelo empresário Norman Granz, Dizzy Gillespie passou a ser mais atração de festivais e estrela de sessões tipo "All Stars" do que um músico preocupado com a reputação de sua obra presente, ou com qualquer compromisso mais desafiador no futuro. O que não significa, absolutamente, que momentos extraordinários de sua arte não venham sendo registrados pela etiqueta de Granz, a Pablo, como atestam álbuns como *Dizzy Gillespie's Big 4* (1974) e *Dizzy Gillespie Jam* (1977). São discos, no entanto, que não podem ser considerados nem memoráveis, nem indispensáveis. A chama está ali, e não se apaga. A técnica e a exuberância são ainda invejáveis num homem que se aproxima dos 70 anos. Mas o gênio em ebulição, que virou o pavilhão do trompete para o céu, tornou-se inevitavelmente, o clássico que contempla, ainda em vida, o florescer de sua própria herança.

## DISCOGRAFIA

*The Great Dizzy Gillespie* – Imagem/Musidisc-Europe, 5044.
*Dizzy Gillespie/Composer's Concepts* – EmArcy, 9199 043/44 (dois discos).
*An Electrifying Evening with the Dizzy Gillespie Quintet* – Verve, UMV-2605.

(O disco da Imagem, prensado no Brasil, contém os clássicos "Salt Peanuts", "Hot House" e "Groovin' High", com Charlie Parker, além de "Things to Come" e "Emanon", com a orquestra de 1946. O álbum da EmArcy, também editado no Brasil, apresenta o quinteto dos anos 60. Os discos *The Modern Jazz Sextet* e *Portrait of Duke Ellington* estão fora de catálogo.)

# Woody Herman

Woody Herman

Nasceu em Milwaukee, Winscosin, 1913. Filho de um artista de variedades, cedo aprendeu a se apresentar em público como cantor, dançarino e clarinetista. Em 1934, ingressou na orquestra de Isham Jones, assumindo sua direção quando o líder morreu,* em 1936. Com a gravação de "Woodchopper's Ball", em 1939, a orquestra de Herman ficou conhecida, mas só em 1944, devido aos arranjos mais modernos de Ralph Burns e Neal Hefti, e à contribuição de instrumentistas como Bill Harris (trombone), Flip Phillips (sax tenor) e

*Segundo George T. Simon, Ishan Jones morreu em 19/10/1956.

Chubby Jackson (baixo), é que passou a ser respeitada como a melhor orquestra "branca" de *jazz* da época. Da renovação dessa orquestra, depois conhecida como o *first herd* (primeiro rebanho), nasceu, em 1947, o *second herd*, com a célebre seção de saxofones (Stan Getz, Zoot Sims, Herbie Steward e Serge Chaloff), conhecida como a dos Four Brothers (quatro irmãos). Em 1949, Herman dissolveu seu rebanho, refazendo-o (o *third herd*) no ano seguinte, e revelando solistas do nível de Bill Perkins, Richie Kamuca (saxes) e Cy Touff (trompete). Nos anos 60, o clarinetista reuniu uma nova orquestra, em que se destacavam os arranjos de Nat Pierce e o sax tenor de Sal Nistico. Desde então, vem renovando constantemente suas formações, apresentando-se com sucesso em *campi* universitários e em festivais, nos Estados Unidos e na Europa.

O clarinetista Woody Herman tornou-se chefe de orquestra em 1936, quando Isham Jones resolveu aposentar-se e deixou a critério dos membros de sua banda a escolha do novo líder. A orquestra de Jones tocava algo entre o *swing* e o *dixieland*, e nada fazia supor que Herman seria, num futuro não muito distante, um dos principais responsáveis pela evolução estética da *big band* no *jazz*, através da assimilação de elementos do *bop* e do emprego de arranjos refinados que anteciparam o estilo *cool* dos anos 50.

A orquestra liderada por Woody Herman só começou a ter sucesso de público em 1939, quando as *big bands* de Benny Goodman e Count Basie estavam no auge da fama. Mas a audição, mais de 40 anos depois, de um clássico da orquestra como "Woodchopper's Ball", que vendeu naquele ano 1 milhão de discos, não explica ainda a receita do sucesso de Woody Herman e sua organização, cuja atividade praticamente ininterrupta só é superada, em termos de longevidade, pela da orquestra de Count Basie. O prestígio e a qualidade da orquestra de Herman devem ser explicados pela capacidade do líder – que nunca se preocupou em fazer carreira como solista – de unir jovens instrumentistas e arranjadores em torno de um *work in progress* que foi, aos poucos, absorvendo a linguagem do *jazz* moderno, de um modo mais casual do que revolucionário.

Em 1944, Woody Herman renovou sua orquestra, unindo a músicos já maduros, como Dave Tough (bateria), Flip Phillips (sax tenor) e Bill Harris (trombone), o talento e a juventude de Chubby Jackson (baixo), Billy Bauer (guitarra) e, sobretudo, Neal Hefti e Ralph Burns, este pianista, aquele trompetista, mas ambos os principais responsáveis pelas composições e arranjos que deram à orquestra de Herman uma nova e atraente personalidade. Esse grupo ficou conhecido como o *first herd* (primeiro rebanho), e foi a base da orquestra até o final de 1946.

"Bijou", de Ralph Burns, "Apple Honey" e "The Good Earth", de Neal Hefti, são as obras-primas desse período. "Bijou", uma rumba *à la jazz*, é uma peça de atmosfera afro-cubana, que vai ganhando grande complexidade rítmica, enquanto e orquestra dá combustível ao trombone sinuoso, untuoso e suculento de Bill Harris. "Apple Honey" e "The Good Earth" são os arranjos que mais tipificam o som e o estilo do *first herd*: os *riffs* característicos do *swing* são temperados pela textura arejada das passagens dos metais com surdina e das palhetas, em diálogos ágeis e justaposições difusas. O sax tenor de Flip Phillips brilha nessas peças, voltando Bill Harris a se destacar em "Apple Honey".

O *new sound* de Herman, Burns, Hefti & Cia. não impressionou apenas a cidadela do *jazz*. Igor Stravinsky inspirou-se nesse som para escrever o *Ebony Concerto*, que a orquestra de Woody Herman apresentou no Carnegie Hall e depois gravou para a Columbia (série *Masterpieces*), sob a regência do próprio compositor.

Tendo desfeito a orquestra em fins de 1946, Herman reorganizou-a em outubro do ano seguinte, mantendo titulares como Bill Harris, Chubby Jackson e Ralph Burns, abrindo espaço para o extraordinário talento do trompetista, compositor e arranjador Shorty Rogers e apresentando uma primorosa seção de saxofones que, pela sua identidade de som e pensamento musical, ficaria conhecida como os Four Brothers.

Para essa seção — os tenoristas Stan Getz, Zoot Sims e Herbie Steward, e o saxofonista barítono Serge Chaloff —, Jimmy Giuffre escreveu a composição "Four Brothers" (1947), que vem a ser a primeira obra gravada representativa do estilo *cool* — a corrente introspectiva do *bop*, cultora do som puro, desprovido de vibrato; de um ritmo mais disciplinado e menos descontínuo; de uma música mais abstrata do que expressionista; de um *bop* macio, influenciado pela *non-chalance* e pelo *legato* do discurso de Lester Young.

A linha melódica extremamente elegante e insinuante de "Four Brothers", desenvolvida pela seção de saxes sobre um ritmo ao mesmo tempo ligeiro e contagiante, dá o tom do chamado *jazz* branco dos anos 50, também conhecido como o estilo "West Coast". Não é por acaso que Shorty Rogers — que viria a ser figura-chave do estilo "West Coast" — se projetou com o segundo *herd* de Woody Herman. Seus arranjos de "Lemon Drop" (composição *bop* de George Wallington) e "More Moon" (baseada em "How High the Moon"), versões originais de dezembro de 1948 e maio de 1949, respectivamente, são dois dos melhores momentos dos *herds* de Herman.

Nesse período excepcional, que vai de outubro de 1947 a fins de 1949, a orquestra de Woody Herman revelou ou projetou solistas notáveis. Serge Challof, os tenoristas Zoot Sims e Al Cohn, o trompetista Red Rodney, o vibrafonista Terry Gibbs, o baterista Shelly Manne foram alguns deles. Mas nenhum ficou logo tão famoso como Stan Getz.

A fama de Stan Getz veio com o seu pungente, despojado e absolutamente *cool* solo de sax tenor em "Early Autumn", composição de Ralph Burns, que a orquestra de Herman gravou em dezembro de 1948. "Early Autumn", considerada "o mais memorável produto do *second herds*",[1] e "uma das obras-primas mais refinadas já gravadas no *jazz*",[2] permanece ainda hoje como obra única, de irretocável beleza.

No início da década de 50, Woody Herman formou o seu *third herd*, trocando aos poucos as composições e arranjos sofisticados de Burns e Rogers por uma concepção um pouco mais comercial, um misto de Basie com "West Coast". A orquestra continuou a ser uma assembléia de músicos mais do que competentes, como os *west coasters* Bill Perkins e Richie Kamuca (tenores), Cy Touff (trompete baixo) e os bateristas Sonny Igoe e Chuck Flores. Mas os níveis de excelência do *second herd* não foram mais alcançados, mesmo porque deixaram de ser buscados. A recriação das obras-primas dos anos 40, com os mesmos músicos da época, que teve lugar no Carnegie Hall de Nova York, em 1976 (*40th. Anniversary Carnegie Hall Concert*, RCA), demonstra claramente que os músicos e as concepções de então jamais foram superados, embora Woody Herman tenha mantido até os dias de hoje orquestras sempre atraentes, como as dos anos 70, com o saxofonista tenor Sal Nistico, e mais recentemente cultivando a empolgação de músicos muito jovens recém-saídos de Berklee e outras escolas de música.

1 Len Lyons, *op. cit.*, p. 142

2 Simon Korteweg, notas de contracapa do álbum *Early Autumn*. Ver discografia.

DISCOGRAFIA

*The Beat of the Big Banda/Woody Herman and His Orchestra* – CBS, 225026.
*Early Autumn*, Capitol Jazz Classics, Vol. 9 – Capitol, SC 13019.

("Bijou", "Apple Honey", "The Good Earth" e "Four Brothers" são faixas do disco da CBS; "Lemon Drop", "Early Autumn" e "More Moon" estão no álbum da Capitol. Ambos foram editados no Brasil.)

# Thelonious Monk

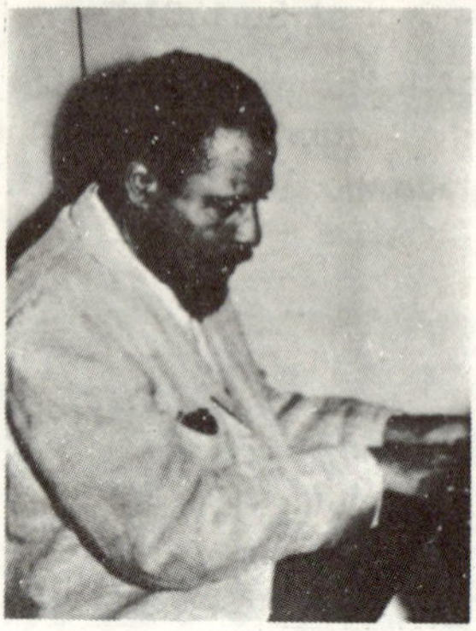

Thelonious Monk

Nasceu em Rocky Mountain, Carolina do Norte, 1920; morreu em Nova York, 1982. Criado em Nova York, começou a aparecer em 1939, como pianista do Minton's, onde, até 1942, tocou com Charlie Christian, Kenny Clarke, Dizzy Gillespie e Charlie Parker, tornando-se um dos pais do *bebop*. Fez parte da orquestra de Lucky Millinder (1942), trabalhou com Coleman Hawkins (1944), mas foi como pianista e compositor, liderando seus próprios *combos*, que se destacou como uma das grandes personalidades do *jazz* moderno. Seus principais discos, como líder, foram feitos para a Blue Note, em 1947, para a Prestige, no início dos anos 50, e para a Riverside, no final da década de 50. Com ele tocaram, entre outros *grandes* do *jazz* moderno, Art Blakey, Milt Jackson, Sonny Rollins e John Coltrane. Nos anos 60 e 70, reinterpretou toda a sua obra, à frente de um quarteto que teve no saxofonista tenor Charlie Rouse um fiel e competente colaborador.

Embora Thelonious Monk tenha sido um dos "Founding Fathers" do *jazz* moderno, seu estilo único e subversivo, como pianista e compositor, resiste a qualquer apreciação esquemática que procure situá-lo apenas como um *bopper*, confrontando sua obra com a de outros compositores e pianistas tipicamente *bop*, como Tadd Dameron ou Bud Powell.

As composições de Monk, hoje recriadas com admiração e respeito por neo-*boppers* e músicos de vanguarda, eram tão originais e tão "avançadas" que não há registro significativo de seu consumo pelos principais conjuntos *bop* das décadas de 40 e 50, a não ser o clássico e mais assimilável "Round About Midnight". Charlie Parker e Dizzy Gillespie gravaram com Monk (ver capítulo sobre Charlie Parker), mas não tocaram, propriamente, música de Monk. Isso porque Thelonious Monk, mais que um pianista *bop* individualista, foi um músico que se serviu do piano como o instrumento ideal para a concepção e o desenvolvimento dinâmico de suas composições.

O pianista Ran Blake, também professor de *jazz* contemporâneo no Conservatório da Nova Inglaterra, situou muito bem a questão:[1]

> Vários pianistas, sobretudo Earl Hines e Bud Powell, apropriaram-se das linhas típicas tocadas por instrumentos de sopro (Louis Armstrong e outros trompetistas, no caso de Hines, e Charlie Parker, no caso de Powell), e as adaptaram ao teclado. Mas o idioma de Monk era, ao mesmo tempo, intensamente pessoal e intensamente *pianístico*. É difícil imaginar uma parte significativa de sua música concebida para ou executada em qualquer instrumento que não o piano. Pode-se ouvir, às vezes, os instrumentistas (de sopro) com os quais Monk trabalhou pelejando para tocar sua música, que *não* é música para instrumento de sopro.

Das observações de Ran Blake, não se deve deduzir que é impossível, para um saxofonista ou um trompetista, improvisar sobre a temática monkiana, mas se pode concordar em que seus *sidemen*, por mais dispersivos que sejam, ficam como que hipnotizados pelo clima melódico-harmônico de seus temas, passando a improvisar segundo os cânones de "improvisação temática" de Monk. Por esses cânones, a improvisação não se limita a variações sobre a melodia, nem apenas a paráfrases melódicas sobre a estrutura harmônica do tema. Monk, basicamente um compositor que encontrou no piano o meio mais adequado para se expressar, compõe e recompõe o tema em blocos de compassos irregulares, alterando o âmago de sua estrutura melódico-harmônica, de um modo que nada tem a ver com a improvisação linear habitual construída sobre os acordes de base. A qualidade propositalmente percussiva de seu piano funciona como uma espécie de amplificador de seus surpreendentes desenhos rítmicos, em que o silêncio tem tanta importância como o martelar de terças e nonas diminuídas.

Foi pensando assim, e assim compondo e tocando, que Thelonious Monk se tornou o mais original dos compositores do *jazz* moderno, deixando um valioso acervo de peças raras, entre as quais merecem registro especial "Epistrophy", "In Walked Bud", "Eronel" "Off Minor", "I Mean

1 *Keyboard*, julho de 1982, p. 28.

You", "Straight No Chaser", "Blue Monk", "Evidence", "Criss Cross", "Pannonica" e "Crepuscule with Nellie".

As obras-primas de Thelonious Monk, tocando solo, em trio, em pequeno conjunto e mesmo com grande orquestra, foram gravadas em três períodos distintos de sua vida.

O primeiro período vai de 1947 a 1952, e corresponde à época da consolidação do *bop*. Em 1947, a Blue Note registrou o memorável "In Walked Bud", em que a forma básica do tema *bop* é mantida, mas ao mesmo tempo transfigurada por um clima melódico-harmônico surpreendente para a época e para os competentes Sahib Shihab (sax alto) e George Taitt (trompete). No mesmo ano, em trio com Art Blakey (bateria) e Gene Ramey (baixo), Thelonious gravou "Off Minor" e "Well, You Needn't", duas peças-chave de seu repertório. Em 1951, na sessão de 23 de julho, também para a Blue Note, Monk cercou-se de Milt Jackson (vibrafone), John Simmons (baixo) e Shadow Wilson (bateria) para gravar as versões clássicas de "Epistrophy" e "Misterioso", duas peças extremamente climáticas, em que o caráter percussivo, anguloso e harmonicamente ambíguo de sua obra é particularmente ressaltado. Em "Epistrophy", sobretudo, o arguto vibrafone de Milt Jackson ajuda em muito na criação do ambiente politonal, com acordes dissonantes por sobre a linha de baixo tocada por Monk no grave do piano, num ciclo rítmico nervoso e obstinado.

O segundo período em que Thelonious Monk perpetuou obras-primas do *jazz* moderno vai de 1956 a 1959. É a época em que, contratado por Orrin Keepnews para a etiqueta Riverside, Monk começa a gozar de um prestígio mais compatível com seu gênio do que a simples fama de exótico anacoreta do *bebop.*

Monk já havia gravado com o saxofonista tenor Sonny Rollins, em 1953, para a Prestige, algumas faces excepcionais que mostravam ser Rollins um solista afeito à atmosfera monkiana e conhecedor de suas expressões idiomáticas. "Let's Call This", uma dessas faixas, em que não se pode esquecer a contribuição inestimável do trompista Julius Watkins, é tão fundamental como as célebres faixas que Monk e Rollins gravaram em 1956, para Riverside, entre as quais se distinguem "Brilliant Corners" e "Bemsha Swing" — momentos soberbos do *jazz* enquanto modo de expressão musical, em que compositor e intérpretes interagem concomitantemente.

Em outubro de 1959, em São Francisco, Thelonious Monk gravou para a Riverside seu álbum definitivo como solista, refletindo introspectivamente sobre suas próprias composições ("Blue Monk", "Pannonica", "Ruby, My Dear", "Bluehawk"), ou recriando, à sua maneira, simples *standards* ("Everything Happens To Me", "There's Danger in Your Eyes"). São obras-primas não só do compositor-pianista, mas também do pianista-compositor. Durante muito tempo, falou-se de Monk como um pianista funcional, isto é, tecnicamente imperfeito, capaz apenas de interpretar sua própria música. Essa não é a opinião de pianistas altamente técnicos, como Chick Corea, que escreveu:[2]

> Ele também me marcou fortemente como pianista. Monk ensinou-me muitas coisas no piano. Seu modo de tocar era muito claro, muito sutil e sofisticado, mas ao mesmo tempo muito simples. Ele sempre toca a melodia, mesmo

2 *Idem*, p. 19.

quando *não* está tocando a melodia. Está sempre tocando o tema que está sendo tocado. Mas isso não quer dizer que o que ele tocava era fácil. Ao transcrever alguns de seus solos, vê-se que não são nada fáceis de tocar.

No fim da década de 50, mais precisamente no dia 28 de fevereiro de 1959, a música de Thelonious Monk foi apresentada no Town Hall de Nova York por uma orquestra de 10 membros, entre os quais o compositor ao piano, com arranjos de Hall Overton, compositor e pianista ativo nos campos do *jazz* e da música erudita. O concerto, gravado pela Riverside, produziu versões majestosas e definitivas de "Little Rootie Tootie" e "Friday the 13th.", com solos inesquecíveis de Monk, Donald Byrd (trompete), Charlie Rouse (sax tenor) e Phill Woods (sax alto).

O concerto do Town Hall foi também o último álbum de Monk para a Riverside. Nos anos 60, seu quarteto, sempre com a presença fiel de Charlie Rouse – *bopper* de timbre áspero, que adaptou com sucesso seu fraseado à música fragmentária de Monk –, passou a gravar intensamente para a Columbia e a se apresentar em concertos e clubes nos Estados Unidos e na Europa. Em fevereiro de 1964, Thelonious Sphere Monk virou capa da revista *Time*, mas não chegou a se tornar uma personalidade nacional. Seus discos passaram a vender mais e, naturalmente, Monk não saiu mais da rotina, embora sua rotina fosse sempre muito superior e mais interessante do que a de qualquer bom pianista rotineiro. Dos álbuns que gravou para a Columbia, os melhores são *Criss-Cross* e *It's Monk's Time*. Do primeiro desses álbuns, gravado em 1962-63, merecem menção especial as *performances* de "Criss Cross", uma das composições aparentemente mais simples de Monk, em estrutura, mas de uma fascinante tensão rítmico-melódica, e de "Eronel", um dos mais belos e nostálgicos de seus temas. Mas a obra-prima desse período, em termos de recomposição e interpretação de um tema, é a versão monkiana de "Lulu's Back In Town", integrante do álbum *It's Monk's Time*, gravado em 1964. As raízes de Monk na tradição do *stride piano* do Harlem, que fez a glória de James P. Johnson e Willie "the Lion" Smith (1897-1973), são revolvidas e dissecadas numa peça cheia de humor e referências, em que o saxofonista Charlie Rouse acaba compelido a um dos mais soltos, redondos e insinuantes solos de sua carreira.

A doença e a crescente introversão de Thelonious Monk afastaram-no da cena jazzística nos últimos seis ou sete anos de sua vida. Os últimos registros fonográficos representativos de sua obra foram feitos em Londres, em novembro de 1971, pela etiqueta Black Lion, com Monk tocando solo ou em trio, com Art Blakey e Al Mckibbon (baixo).

As obras-primas de Monk não são, no entanto, apenas as *performances* acima assinaladas. Gênio da arte percussiva, pianista único e subversivo, mas sobretudo inventor de música, suas composições, hoje incorporadas ao patrimônio mais valioso do *jazz* contemporâneo, sobrevivem à sua morte e são cada vez mais admiradas e reinterpretadas. Dentre elas, gravada tantas vezes pelo próprio Monk, por Miles Davis, pelo Modern Jazz Quartet e por inumeráveis músicos e conjuntos de *jazz*, "Round About Midnight" ficará para sempre como a mais bela e inevitável das obras-primas de Thelonious Monk.

DISCOGRAFIA

*The Complete Genius* – Blue Note, LA 579-112 (dois discos).
*Thelonious Monk* – Prestige 511.7017.
*Brilliance* – Milestone, M-47023 (dois discos).
*Pure Monk* – Milestone, M-47004 (dois discos).
*In Person* – Milestone, M-47033.
*Criss Cross* – Columbia, JCS-8838.
*It's Monk's Time* – Columbia, CS-8984.

(As obras-primas de 1947 e 1951 estão no álbum da Blue Note prensado no Brasil. O disco da Prestige, editado no Brasil, contém "Let's Call This". "Brilliant Corners" e "Bemsha Swing" fazem parte do álbum duplo *Brilliance*. As obras-primas de piano solo estão em *Pure Monk*, e o concerto do Town Hall no disco *In Person*. A versão de "Lulu's Back in Town" de 1964 está em *It's Monk's Time*.)

# Bud Powell

Bud Powell

Nasceu em Nova York, 1924; morreu na mesma cidade, 1966. Teve formação clássica ao piano tornando-se profissional aos 15 anos. Seu primeiro compromisso importante foi com o conjunto do trompetista Cootie Williams (1942-43), mas, depois do trabalho, não deixava de freqüentar os clubes da Rua 52, onde o *bop* tomava forma. Seus problemas de saúde física e mental, agravados pelo abuso de álcool e narcóticos, tiveram início em 1945, quando foi internado pela primeira vez. Tocou, entre 1945 e 1947, com os grupos de Charlie Parker, Sonny Stitt, Dexter Gordon, Don Byas, Dizzy Gillespie e Fats Navarro. Embora sua carreira tenha sido acidentada, pontuada de hospitalizações, gravou, em trio, para a Blue Note e a Verve, a obra pianística fundamental do *bop*. Em 1959, resolveu mudar-se para Paris, onde foi, durante mais de três anos, a atração de clubes especializados em *jazz*, como o Saint-Germain e o Blue Note. Minado pelo álcool, foi internado, em 1963, já tuberculoso, para tratamento. Voltou aos Estados Unidos, para uma *reentrée* no Birdland, de Nova York, em 1964. Permaneceu praticamente inativo nos dois últimos anos de vida.

A transposição para o piano do fraseado, da lógica e da complexidade rítmica de Charlie Parker foi uma operação naturalmente tentada pelos jovens pianistas de *jazz* que procuravam, na década de 40, brilhar à sombra da fama de Earl Hines, da reputação de Teddy Wilson e do virtuosismo de Art Tatum.

Bud Powell, que tinha apenas 20 anos em 1944, quando Art Tatum fruía o máximo de sua glória, foi quem realizou, de modo admirável, a complexa operação de dotar o piano jazzístico de uma linguagem *bop* fluente, tão eloqüente como a de Parker no saxofone e a de Dizzy Gillespie no trompete.

A técnica soberba de Powell, que chegou a ter uma formação clássica no piano, surpreendeu o próprio Tatum, que acabou por reconhecer a destreza digital do jovem *bopper* quando este lhe dedicou, numa noite no Birdland, um "Sometimes I'm Happy" tocado num tempo rapidíssimo apenas com a mão esquerda. Mas não era só o virtuosismo de Bud Powell que impressionava. Seu discurso era muito mais vital, criativo, surpreendente e urgente que o de Art Tatum.

"Ele é um dos poucos pianistas de *jazz* que podem ser comparados a Art Tatum em fluência técnica" – sentenciou John S. Wilson.[1] "Mas suas afirmações são geralmente muito mais fortes que os bordados de Tatum. Ele é um tecelão atarefado de um compacto tecido musical, suas linhas melódicas cerradamente entrelaçadas, picadas e sustentadas por ritmos interiores, e coloridas por suas maturadas invenções harmônicas."

"Powell" – escreveu Martin Williams[2] – "tocava às vezes como um homem fugindo de uma ameaça, e talvez uma parte dele soubesse, desde o início, que o tempo lhe fugia. Havia uma urgência no seu modo de tocar, extramusical ou não, e uma precisão enfática no seu dedilhado, mesmo nos tempos mais velozes.

A ameaça e a luta contra o tempo eram reais. De 1947, quando gravou com Charlie Parker, até seus últimos registros fonográficos na Europa, em 1964, Bud viveu fases de luz intensa e de sombra profunda. Tratamentos periódicos de seus sérios problemas mentais, agravados pelo alcoolismo, não impediram que ele morresse, aos 42 anos, distante de tudo e de todos, imerso no impenetrável país da insônia.

Os momentos mais luminosos de Bud Powell estão gravados pela Blue Note em três sessões, realizadas nos dias 9 de agosto de 1949, 1º de maio de 1951 e 14 de agosto de 1953.

"Ornithology", em trio, com Tommy Potter (baixo) e Roy Haynes (bateria), e "Dance of the Infidels" e "Bouncing with Bud", com a mesma seção rítmica, mais Fats Navarro (trompete) e Sonny Rollins (sax tenor), são as obras-primas da sessão de 1949. "Ornithology" é a expressão perfeita da absorção, pelo gênio de Powell, da linguagem parkeriana; "Dance" e "Bouncing", composições do próprio pianista, são *performances* inesquecíveis de um quinteto *bop* típico, cuja transcendência é determinada pela musicalidade penetrante do tandem Powell-Navarro.

1 *High Fidelity*, "Jazz Pianists on Microgroove", agosto de 1957, p. 67.
2 Notas de apresentação do álbum *The Smithsonian Collection of Classic Jazz*, Smithsonian Institution, 1973, p. 35.

Da sessão de 1951, "Un Poco Loco", composição também de Powell, que ele interpretou com Curley Russell (baixo) e Max Roach (bateria), permanece uma obra ímpar, sobretudo se apreciada através dos três *takes* gravados e editados pela Blue Note, como fez Leonard Feather:[3]

> *O nascimento de uma obra-prima* é o título que Hollywood provavelmente daria à fascinante história contada pelos três *takes* de "Un Poco Loco". O primeiro mostra a composição num estágio anterior à concepção da interpretação definitiva de Bud; fica atolada, Bud sente isso e pára de repente, como o chofer de uma limusine em velocidade de cruzeiro frearia ao ouvir o ar escapar de um pneu. O segundo *take*, embora mais ou menos completo, ainda carece um pouco da convicção do terceiro (. . .). "Un Poco Loco" foi sempre, para mim, uma experiência indescritivelmente excitante e, certamente, uma das maiores composições de Bud.

"Reets and I" e "Glass Eclosure" são as obras-primas da sessão Blue Note de agosto de 1953, em que Powell contou com os serviços de George Duvivier (baixo) e Art Taylor (bateria). "Reets", composição de "Little" Benny Harris sobre a base harmônica de "All God's Children", é uma exibição particularmente feliz e descontraída da capacidade do pianista de casar continuidade melódica com descontinuidade rítmica. "Glass Enclosure", cujo título tem a ver com as internações de Bud em hospitais, é uma peça mais elaborada, com um clima *maestoso*, que trai a formação clássica do pianista. J.E. Berendt[4] sente nela "o charme amável de *Cenas Infantis* de Robert Schumann".

Embora o principal conjunto de obras-primas de Bud Powell tenha sido perpetuado pela Blue Note, não se pode desprezar a série de gravações feitas pelo pianista sob a supervisão de Norman Granz, inicialmente para a Mercury, depois para a Verve. Das sessões de janeiro e fevereiro de 1950, em que Powell deu um tratamento de choque *bop* a vários *standards*, em companhia de Max Roach (bateria) e Curley Russell (baixo), a versão de "Hallelujah" é um *show* de destreza e lucidez num tempo alucinante.

Depois de sua participação no histórico Concerto de Massey Hall, em maio de 1953, Bud Powell teve agravado seu estado de saúde, viajando para Paris, em 1959, para tentar a cura e o reajustamento no clima europeu. Em Paris, voltou a gravar em companhia de Kenny Clarke (bateria) e Pierre Michelot (baixo) e, eventualmente, com Johnny Griffin (sax tenor). As faixas parisienses, sobretudo as de 1960 e 1961, são ainda altamente representativas do gênio de Powell. A lógica implacável e o fulgor do período 1949-1953 não são os mesmos, mas há nessas obras uma intensidade dramática, um tal *pathos*, que o ouvinte não pode ficar indiferente a elas.

Essas qualidades estão inteiras nos dois "John's Abbey", gravados em dezembro de 1959 e junho de 1960, com o trio integrado por Clarke e Michelot, e que fazem parte do álbum *Bud in Paris*, da Xanadu. Desse último período produtivo da vida de Bud Powell são ainda relevantes as versões de algumas composições de Thelonious Monk, feitas pelo mesmo trio, num concerto realizado em Paris, em setembro de 1961, e editado pela Columbia (CBS) com o subtítulo *A Portrait of Thelonious*. Powell — como demonstram as interpretações de "Off Minor" e "Thelonious" —

[3] Notas de contracapa do álbum *The Amazing Bud Powell*, vol. 2, edição original.

[4] J. E. Berendt, *op. cit.*, p. 228.

adapta de maneira modelar a horizontalidade de seu estilo à verticalidade da música monkiana.

DISCOGRAFIA

*The Amazing Bud Powell* – Blue Note, BLP-1503/BST-81503; BLP-1504/BST-81504 (dois volumes).
*The Genius of Bud Powell* – Verve, VE2-2526.
*Bud in Paris* – Xanadu 102.
*Bud Powell/A Portrait of Thelonious* – CBS.

(As obras-primas de 49, 51 e 53 estão nos dois álbuns da Blue Note prensados no Brasil pela EMI-Odeon; o "Hallelujah" de 1950, no primeiro volume do álbum duplo da Verve; *A Portrait of Thelonious* foi editado no Brasil pela CBS.)

# Fats Navarro • Tadd Dameron

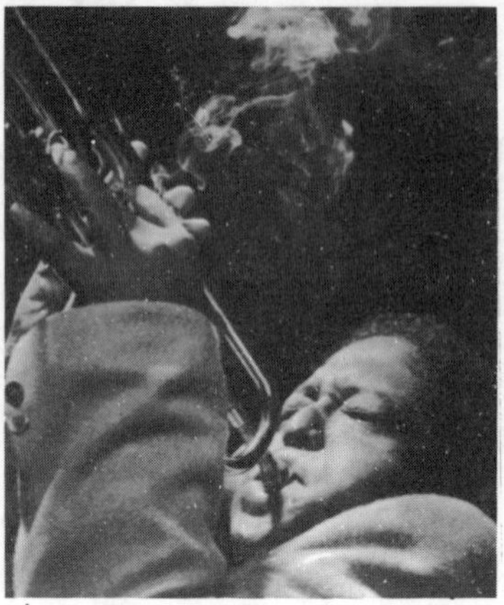

Fats Navarro

Tadd Dameron

FATS NAVARRO – Nasceu em Key West, Flórida, 1923; morreu em Nova York, 1950. Estudou piano e saxofone, antes de se dedicar ao trompete. Tocou nas orquestras de Andy Kirk (1943-45), Billy Eckstine (1945-46), Illinois

Jacquet (1947), mas sua associação com Tadd Dameron e suas gravações com Charlie Parker é que lhe deram o justo título de chefe de escola entre os trompetistas *bop*, ao lado de Dizzy Gillespie. Viciado em narcóticos, morreu antes de completar 27 anos.

TADD DAMERON – Nasceu em Cleveland, Ohio, 1917; morreu em Nova York, 1965. Pianista, compositor e arranjador, trabalhou em Kansas City com Harlan Leonard, e escreveu diversos arranjos para as orquestras de Count Basie, Jimmy Lunceford, Billy Eckstine e Dizzy Gillespie. Liderou um *combo*, no Royal Roost de Nova York, em 1948, com Fats Navarro e Allen Eager (sax tenor). Foi o pianista do quinteto de Miles Davis que se apresentou no Primeiro Festival de Jazz, em Paris, no ano de 1949. Permaneceu na Europa até 1951, quando regressou aos Estados Unidos, passando a se dedicar quase que exclusivamente à composição e ao arranjo, por motivos de saúde.

A breve associação entre Tadd Dameron e Theodore "Fats" Navarro, nos anos de 1948 e 1949, produziu algumas das obras-primas mais expressivas do *bebop*. Consagrou, ao mesmo tempo, o mais inspirado inventor de melodias e arranjador do idioma e aquele que, juntamente com Dizzy Gillespie, estabeleceria a rota de navegação de todos os trompetistas de *jazz* que lhes sucederiam.

Se nessa associação Dameron era sobretudo a forma e Navarro, o conteúdo, a preocupação com a forma e o conteúdo melódicos da composição e da improvisação *bop* foi sempre a qualidade comum e fundamental da obra que, juntos, registraram em disco.

Tadd Dameron já era um arranjador e compositor respeitado quando formou sua própria banda, com Fats Navarro, em 1948, para tocar no Royal Roost, de Nova York. Havia escrito para as orquestras de Count Basie, Jimmy Lunceford e Georgie Auld — formações tipicamente *swing* — e para a orquestra *bop* de Dizzy Gillespie. Sua composição "Hot House" — baseada em "What is This Thing Called Love" — tornou-se um dos hinos do *bebop*, ao ser gravada, em 1945, pelo quinteto Gillespie-Parker.

Com "Hot House", Dameron não só enriqueceu o repertório do *jazz* moderno, mas também revolucionou a arquitetura do tema *bop* típico, modificando a estrutura básica AABA no esquema ABCA, em que não existe a repetição tradicional dos primeiros compassos do tema, desdobrando-se o que seria a ponte, *bridge* (B), em duas seções independentes, embora melodicamente interligadas. "Casbah" (paráfrase de "Out of Nowhere"), "Lady Bird", "Good Bait", "Our Delight", "Sid's Delight", "Symphonette", "If You Could See Me Now" são outras páginas notáveis de Dameron, melodista inspirado, que não esgotava seus temas nos dois primeiros blocos de compassos da fórmula clássica, mas os desenvolvia em variações melódicas de surpreendente beleza e nostalgia.

Como arranjador e acompanhador, ao piano, Tadd sempre cultivou a densidade harmônica dos acordes e seus recursos rítmicos, produzindo uma música depurada, de um *swing* mais caloroso que exacerbado.

Fats Navarro não se impôs como um dos grandes do *bop* apenas no contexto dos grupos de Tadd Dameron. Suas *performances* ao lado de Charlie Parker em clubes como o Cafe Society e o Birdland, em 1950, documentadas em disco, são igualmente memoráveis. Mas é difícil dizer se o estilo de Fats era uma complementação natural da escrita de Dameron ou se as composições e arranjos de Tadd eram a base ideal para os vôos de Navarro — um solista que estruturava seus *choruses* em blocos melódicos, evitando a sucessão de piruetas harmônico-melódicas, muito a gosto dos imitadores de Dizzy Gillespie.

Fats tocava as notas de modo claro e articulado, com uma maestria reconhecida e apreciada pelo seu sênior Gillespie. Preocupava-se não apenas com o sentido de suas frases, mas com sua *pronúncia*. Como observou Stanley Crouch,[1] "sua imaginação melódica levava-o, algumas vezes, a expor as oitavas do estilo *bebop* de um modo descontraído que podia

[1] Notas de contracapa do álbum *Fats Navarro Featured with the Tadd Dameron Band*. Ver discografia.

exprimir uma pungente sutileza ou projetar uma melancolia associada a tempos e fraseados muito mais lentos".

Todas essas qualidades estão inteiras nas gravações do sexteto, do septeto e da orquestra de Tadd Dameron, no período 1948-49. Mas merecem destaque, como obras-primas: os dois *takes* de "Lady Bird" com o septeto (Wardell Gray e Allen Eager, saxes tenores; Kenny Clarke, Curley Russell e Chano Pozo, seção rítmica; além de Fats e Tadd); o "Good Bait" gravado no Royal Roost, no outono de 1948, com Allen Eager, Rudy Williams (sax alto), Clarke e Russell; e as versões de janeiro de 1949 de "Casbah" e "Sid's Delight", de sabor afro-cubano, com a orquestra de 10 membros. Os *choruses* de Fats em "Lady Bird" são, provavelmente, os melhores que produziu; o seu vôo sobre o pano de fundo em uníssono de "Good Bait" é um exemplo eloqüente de suas afinidades com a escrita de Dameron; a extraordinária concepção de "Casbah", o solo de Navarro e o vocal sem palavras de Rae Pearl fazem dessa peça de Dameron uma espécie de "The Mooche" do *bop.*

DISCOGRAFIA

*Prime Source* – Blue Note, LA 507-H2 (dois discos).
*Fats Navarro (Tadd Dameron)* – Milestone, M-47041 (dois discos).
*Strictly Bebop* (Capitol Jazz Classics, vol. 13) – Capitol, SC 13023.

(O álbum da Blue Note contém "Lady Bird", e "Good Bait" está na coleção da Milestone. O disco da Capitol, lançado no Brasil, tem as versões de janeiro de 1949 de "Casbah" e "Sid's Delight".)

# Ella Fitzgerald • Sarah Vaughan

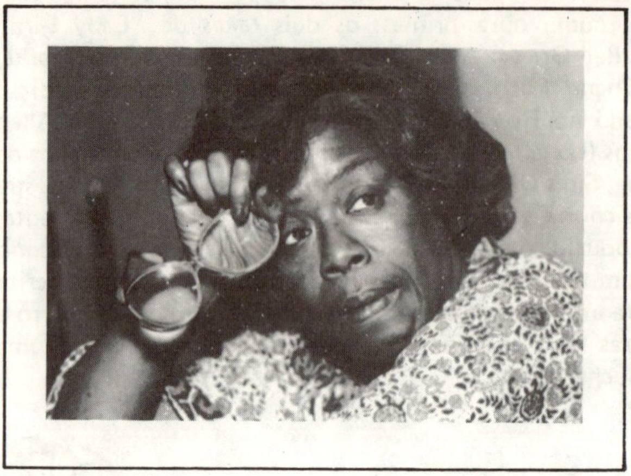
Ella Fitzgerald

Sarah Vaughan

ELLA FITZGERALD – Nasceu em Newport News, Virgínia, 1918. Revelada num concurso de amadores do Apollo Theatre, em 1934, foi contratada para ser vocalista da orquestra de Chick Webb. Com a morte do baterista, em 1939, Ella assumiu a direção da orquestra, até 1942. Na segunda metade da década de 40, foi estrela da *troupe* Jazz at The Philarmonic, de Norman Granz. Gravou para a Decca até 1955, transferindo-se para a Verve, quando já era apreciada, também, como cantora *pop*. Nas três últimas décadas, além de gravar com "monstros sagrados" do *jazz*, como Louis Armstrong, Count Basie e Oscar Peterson, sua fama cresceu pelo mundo afora, tendo em vista sua presença nos principais festivais de *jazz* dos Estados Unidos, Europa e Japão.

SARAH VAUGHAN – Nasceu em Newark, Nova Jersey, 1924. Foi cantora da Igreja Batista de Newark, estudou piano e órgão, antes de vencer, em 1942, um concurso de amadores no Apollo Theatre, no Harlem, sendo logo contratada por Earl Hines para ser vocalista de sua orquestra. Integrou, em seguida, a orquestra de Billy Eckstine, e gravou com o quinteto *bop* de Dizzy Gillespie-Charlie Parker (1945). Foi depois vocalista do conjunto do trompetista George Treadwell, com o qual se casou. Gravou, em 1954, com Clifford Brown. Nas últimas três décadas, através de gravações, apresentações em clubes e festivais, nos Estados Unidos e na Europa, transformou-se na mais requisitada das *jazz singers*, ao lado de Ella Fitzgerald, embora dirigindo-se, cada vez mais, a um público menos exigente e mais amplo que o do *jazz*.

O paradoxo proposto por J. E. Berendt, de que, se todo *jazz* deriva da música vocal, o canto no *jazz* deriva da música instrumental, deve ser relembrado quando se trata de analisar as obras jazzísticas de Ella Fitzgerald e Sarah Vaughan.

Ambas são cantoras extraordinárias, dotadas de recursos vocais que as nivelam aos melhores contraltos de que se tem notícia. Ambas são capazes de transformar qualquer canção popular, e até de roda, numa jóia de interpretação, em matéria de técnica e de sensibilidade. Ambas se consagraram como *crooners* de orquestras, como estrelas da música popular, mas também como músicos de *jazz*. E, nesse último caso, que é o que aqui interessa, pondo suas vozes — seus instrumentos — a serviço do *swing*, do *beat* e do fraseado melódico-harmônico que caracterizam o *jazz*.

Ella e Sarah iniciaram suas carreiras de forma semelhante. Ella tinha 16 anos quando, em 1934, ganhou um concurso de amadores no Apollo Teatre, no Harlem, e foi contratada por Chick Webb (1902-1939) como vocalista de sua orquestra. Sarah tinha 18 anos quando, em 1942, ganhou o mesmo concurso, e foi convidada para cantar na orquestra de Earl Hines. Começaram, portanto, como *crooners* de orquestras jazzísticas de sabor popular, mas formadas por *jazzmen* expressivos do *swing* e dos primeiros tempos do *bop*. Ambas se alimentaram das raízes *bluesy* de Bessie Smith, cultivaram as inflexões e algo do timbre de Billie Holiday, e aprenderam a arte da improvisação com seus colegas instrumentistas. Na década de 40, foram aos poucos tomando intimidade com a linguagem do *bop*, cujo fraseado se adaptava com naturalidade à sua verve de *scat singers*.

O conjunto de obras gravadas por Ella e Sarah não prima pela unidade nem por um desenvolvimento estilístico coerente. Tendo a seus pés o público ilimitado da música popular, que adora uma bela voz interpretando canções de sucesso, por sobre o tapete macio de uma orquestra de cordas ou na moldura discreta de arranjos *à la* Ray Coniff, Ella e Sarah gravaram mais discos comerciais do que jazzísticos.

Ella Fitzgerald ficou conhecida ao gravar, em 1938, com a orquestra de Webb, "A-Tisket A-Tasket", um clássico do estilo *swing,* mas não propriamente uma obra-prima. Suas interpretações dos cancioneiros de Rodgers & Hart, Cole Porter, Jerome Kern e de George & Ira Gershwin, na década de 50, além da versão "acessível" de *Porgy and Bess*, ao lado de Louis Armstrong, consolidaram sua fama no campo da música popular.

Das obras-primas que gravou em matéria de *jazz*, duas tornaram-se clássicos da arte de instrumentalização da voz: "How High the Moon" e "Lady Be Good", registradas originalmente pela Decca, em 1947.

Com o Jazz at the Philarmonic de Norman Granz, e depois nas etiquetas Verve e Pablo, do mesmo produtor, Ella gravou a maior parte de sua obra mais ou menos jazzística, até os dias que ocorrem. As sessões com Louis Armstrong, editadas pela Verve num álbum duplo (*Ella* & *Louis*), são valiosas pela sua espontaneidade e *noncha lance*, embora o material seja todo na base de *standards.* A seção rítmica que os acompanha — Oscar Peterson (piano), Ray Brown (baixo), Herb Ellis (guitarra), Buddy Rich ou Louie Bellson (bateria) — ajuda, em muito, a jazzificar esses diálogos memoráveis entre a voz roufenha do velho Satchmo e o canto extremamente lírico de Ella. A versão da dupla de "Stompin' at The Savoy" é um dos pontos culminantes da coleção.

Dos concertos que gravou na década de 70, em que a pujança de Ella Fitzgerald se projeta ainda mais, em função do contato mais direto com o público, merecem destaque especial o do Newport Jazz Festival, no Carnegie Hall de Nova York, em julho de 1973, e o do Festival de Montreux, em 1977. Em Montreux, em companhia de Tommy Flanagan (piano), Keter Betts (baixo) e Bobby Durham (bateria), Ella grava uma vertiginosa versão em *scat* de "Billie's Bounce", o clássico *bop* de Charlie Parker. No Carnegie Hall, deixa registradas obras-primas de sua arte madura, como o *medley* com as melodias de "Taking a Chance On Love" e "I'm in The Mood For Love", com a assessoria de Flanagan, Keter Betts, Joe Pass (guitarra) e Freddie Waits (bateria).

A voz calorosa de Sarah Vaughan, de uma flexibilidade inusitada entre o grave e o agudo, torna-se um verdadeiro saxofone, rico em vibrato, no auge de sua criatividade, em duas sessões gravadas pela EmArcy, em 1954 e 1955.

Em companhia de músicos da estatura de Clifford Brown (trompete), Paul Quinichette (sax tenor), Roy Haynes (bateria), Jimmy Jones (piano) e Joe Benjamin (baixo), Sarah grava em dezembro de 1954 sua obra-prima mais clássica — um "Lullaby of Birdland" puramente *bop*, de um intenso *swing*, trocando ao final, em *scat*, compassos complexos, em igualdade de condições, com os instrumentos de Brown, Haynes e Quinichette. Mesmo aparentemente presa à letra da música, como em "You're Not the Kind of Girl", a cantora é extremamente jazzística, e atua como a "instrumentista" líder do sexteto. Nas baladas gravadas nessa mesma sessão ("I'm Glad You're You", "Embraceable You", "April in Paris"), Sarah é simplesmente insuperável no desenvolvimento melódico-harmônico dos temas, no empostar da voz e no domínio da técnica do vibrato.

A outra sessão, de 1955, com o trio integrado por Haynes e Benjamin, produziu o inesquecível "Shulie A Bop", obra-prima do *scat singing* no idioma *bop*.

O compromisso de Sarah Vaughan com o *bop* havia sido assumido em 1945, quando participou da histórica sessão de 11 de maio, com Dizzy Gillespie e Charlie Parker, tendo interpretado um "Lover Man" ainda cheio de referências a Billie Holiday. Esse compromisso foi sendo aos poucos esquecido, em favor de sua dedicação cada vez maior à música popular e comercial. Mas há registros excelentes de sua atividade jazzística em 1957 e 1958, em gravações feitas em dois clubes de Chicago, o Mr. Kelly's e o London House. A audição do álbum duplo editado pela Mercury (EmArcy) permite a apreciação de pequenas obras-primas como "Thou Swell" e "How High the Moon" (1957), com Ronnell Bright (piano), Richard Davis (baixo) e Roy Haynes (bateria), e "All of You" (1958), com a mesma seção rítmica, mais Thad Jones (trompete), Frank Wess (tenor) e Henry Coker (trombone).

Só no final da década de 70, mais precisamente em abril de 1978, é que Sarah Vaughan voltou a gravar um disco jazzístico de alta qualidade. O álbum foi *How Long Has This Been Going On?*, produzido por Norman Granz para a sua Pablo, com o concurso da estupenda seção rítmica da casa: Oscar Peterson, Joe Pass, Ray Brown e Louie Bellson. Explorando mais o registro grave de sua voz no ápice da maturidade, Sarah interpreta um extraordinário "Body and Soul" apoiada pelo baixo de Ray Brown. A faixa-título do álbum e um "I've Got the World On a String", em que a cantora faz ao final referências às imprecações *gospel*, são também obras-primas da arte de Sarah Vaughan como *jazz singer.*

DISCOGRAFIA

*The Best of Ella* – MCA, MCA2-4047 (dois discos).
*Ella & Louis* – Verve, 2V6S-8811 (dois discos).
*Ella Fitzgerald/Live at Carnegie Hall* – CBS, 225019/20 (dois discos).
*Montreux 77/Ella Fitzgerald* – Pablo, 2308 206.
*Sarah Vaughan* – Mercury, EXPR-1009.
*Sarah Vaughan/Recorded Live* – Mercury, *The EmArcy Jazz Series*, vol. 10, 9199 047/48 (dois discos).
*How Long Has This Been Going On?* – Pablo, 2310 821.

(As versões de "How High the Moon" e "Lady Be Good" gravadas por Ella para a Decca estão no álbum da MCA. As gravações de Sarah, com Clifford Brown e Roy Haynes, de 1954-55, estão no disco da Mercury, EXPR-1009 , prensado no Brasil, assim como o álbum da EmArcy Jazz Series, os discos Pablo de Ella e de Sarah e o álbum da CBS com o concerto de Ella Fitzgerald no Carnegie Hall.)

# Stan Kenton

Stan Kenton

Nasceu em Wichita, Kansas, 1912; morreu em Hollywood, Califórnia, 1979. Fixou-se com sua família em Los Angeles, onde estudou piano. Tocou com Gus Arnheim e Vido Musso, antes de organizar sua primeira orquestra, em 1940. A partir de 1945, graças aos seus arranjos e composições, bem como os de Pete Rugolo, e à qualidade de seus instrumentistas (Bob Cooper, Stan Getz, o contrabaixista Eddie Safransky), sua orquestra ficou famosa como promotora do "*jazz* progressista". Em 1949, formou uma orquestra de 40 membros (Innovations in Modern Music), que apresentou obras concertantes, como "City of Glass" e "House of Strings", de Bob Graettinger. Em 1952, com arranjos de Gerry Mulligan, Bill Holman e Bill Russo, e com solistas da expressão de Mulligan, Lee Konitz e Frank Rosolino, Kenton gravou sua obra jazzística mais significativa. Nas duas últimas décadas de atividade, a orquestra recrutou jovens instrumentistas na área universitária, e gravou com regularidade para a etiqueta de Kenton, a Creative World.

Pianista, compositor, arranjador, mas sobretudo chefe de orquestra e organizador de sons, Stan Kenton chegou a ser, na década de 50, a figura mais polêmica do *jazz.* Gênio para uns, charlatão para outros, considerado por muitos um esperto negociante de sons que procurava acondicionar numa embalagem pretensamente erudita algo do espírito do *jazz*, na verdade Stan Kenton foi um pouco disso tudo. O que não significa que não tenha contribuído, de maneira inestimável, para o desenvolvimento do *jazz* moderno, reunindo em torno de si arranjadores e uma legião de solistas excepcionais, e criando, nas fases mais felizes de sua organização, um som realmente pessoal e marcante.

Stravinsky dizia que a música é, basicamente, um *affaire* de sons. Kenton seguiu ao pé da letra essa opinião, desde quando, ao formar sua primeira orquestra, no início dos anos 40, começou a experimentar combinações sonoras mais ousadas para obter, através da tensão e do contraste, um impacto musical que diferenciasse sua banda dos demais conjuntos de então, ainda muito presos ao balanço dançante e aos *riffs* bem comportados do *swing.*

Mas se Kenton escreveu, no período 1940-41, algumas composições interessantes, como "Etude for Saxophones" e "Reed Rapture" (constantes da antiga série *The Kenton Era*, da Capitol) foi só no fim de 1943, quando assinou contrato com a Capitol e gravou "Artistry in Rhythm", que seu nome passou a ser relacionado com um tipo de *jazz* concertístico.

Quando, em 1945, o compositor e arranjador Pete Rugolo, que havia estudado com Darius Milhaud, junta-se a Kenton, a vocação concertística da orquestra é enriquecida por uma escrita de maior densidade musical que ressalta a massa dos trombones, acende o fogo dos trompetes, numa justaposição de *riffs* dissonantes que não abafam a sonoridade *cool* dos saxofones. As obras mais representativas desse período (1945-46) são "Concerto to End All Concertos", composição do próprio Kenton, "Minor Riff" e "Painted Rhythm", de Pete Rugolo, e "Intermission Riff", de Ray Wetzel. Os solos nessas obras são muito funcionais, mas servem para realçar a qualidade dos músicos da orquestra, entre os quais os trompetistas Buddy Childers, Ray Wetzel e Chico Alvarez; os saxofonistas Bob Cooper (então com 20 anos), Boots Mussulli e Vido Musso; os trombonistas Kai Winding e Bart Vassalona; o contrabaixista Eddie Safranski; o baterista Shelly Manne.

Em 1947, Kenton começa um processo de renovação de sua orquestra, que vai até 1950, quando se autonomeia o líder do *progressive jazz*, organizando uma orquestra de 10 violinos, três violas, três violoncelos, um contrabaixo, cinco saxes, cinco trombones, cinco trompetes, duas trompas, tuba, guitarra, tímpano e conga. Essa orquestra, de 40 membros, que ele chamou de Innovations in Modern Music, gravou duas controvertidas peças de Bob Graettinger — "City of Glass" e "House of Strings".

Na verdade, as Innovations de Kenton não agradaram nem os amantes de Stravinsky nem os cultores de Duke Ellington. Serviram apenas para alimentar os críticos de Kenton, para os quais sua orquestra era "uma usina barroca de sons sofisticados",[1] produzindo uma música excitante e

[1] André Francis, *op. cit.*, p. 143.

brilhante, vistosa, mas sempre "uma promessa de substância emocional que nunca se materializa".[2]

O cerne jazzístico da orquestra de Kenton no início da década de 50 era, no entanto, de qualidade notável. Seus *sidemen* eram nada mais nada menos que os saxofonistas Art Pepper, Bob Cooper e Bud Shank, os trompetistas Shorty Rogers e Maynard Ferguson, os trombonistas Bill Russo e Milt Bernhart, o trompista John Graas, o guitarrista Laurindo de Almeida e o baterista Shelly Manne.

Paralelamente às híbridas "inovações" de sua "sinfônica", Stan Kenton produziu, entre 1950 e 1952, algumas obras-primas de *jazz* orquestral, equilibrando com maestria o trabalho de compositores e arranjadores do quilate de Rugolo, Gene Roland, Bill Holman, Shorty Rogers, Bill Russo e Gerry Mulligan com a categoria e sensibilidade dos seus solistas, que se tornariam, pouco depois, mestres do "West Coast *jazz*".

Rugolo escreveu um "Blues in Riff", gravado em fevereiro de 1950, que é uma concepção *cool* da música kentoniana, impregnada de *riffs* dissonantes, com espaço exato para os solos de Art Pepper, Shorty Rogers e Bob Cooper. "Riff Rhapsody", de Gene Roland, de março de 1951, é uma sofisticada injeção de ritmos afro-cubanos no corpo *cool* e na cabeça dinâmica da orquestra de Kenton. "Coop's Solo", composição e arranjo de Shorty Rogers, gravação de setembro de 1951 (não a versão da orquestra Innovations, com cordas), é veículo perfeito para um brilhante e impecável solo de Bob Cooper.

O acervo mais importante das obras de Stan Kenton e sua orquestra está, no entanto, na coleção originalmente editada pela Capitol como *New Concepts of Artistry in Rhythm.* Nela se encontram o ponto e a temperatura ideais de fusão entre o temperamento de Kenton, o brilho de seus arranjadores e a arte refinada de seus solistas. Desse acervo, de 1952, as peças mais preciosas são "Young Blood", de Gerry Mulligan; "Invention for Guitar and Trumpet", de Bill Holman; "Improvisation" e "My Lady", ambas de Bill Russo.

"Improvisation" é uma adaptação da peça anteriormente apresentada pela orquestra Innovations, contendo em sua segunda parte um belíssimo solo, completamente *ad libitum*, de Lee Konitz (sax alto), cujo lirismo é contrastado com as intervenções em contraponto de Bill Russo (trombone), Buddy Childers (trompete) e Bill Holman (sax tenor), e com as dissonantes explosões da massa orquestral. Em "My Lady", Konitz é mais uma vez o solista privilegiado, mas o maior privilegiado é o ouvinte que, ainda hoje, se dispõe a fruir seu inspirado sopro sobre o espesso tecido costurado por Bill Russo. "Young Blood" é um arranjo ágil, brilhante e envolvente, de um *swing* contagiante, como só Mulligan sabe fazer. "Invention for Guitar and Trumpet" é uma fuga jazzística em que a guitarra de Sal Salvador e o trompete estratosférico de Maynard Ferguson dão uma exibição de interação, técnica e precisão.

Nos anos 60 e 70, Kenton reformulou várias vezes sua orquestra, renovando sempre seu pessoal com músicos muito jovens, e dando-lhe denominações bem de seu feitio, como The Mellophonium Orchestra ou The Neophonic Orchestra. Suas últimas gravações, na sua própria etiqueta —

[2] Nat Hentoff, *Down Beat Records Reviews,* 1956, p. 130.

Creative World –, são realizações de grande perfeição técnica, mas sem a criatividade dos seus melhores momentos dos anos 40 e 50.

DISCOGRAFIA

*Artistry in Rhythm* – Creative World, 1043 E.
*Stan Kenton and His Orchestra – Capitol Jazz Classics*, vol. 2, Capitol SC 13013.
*New Concepts of Artistry in Rhythm* – Creative World, ST-1002.

("Blues in Riff", "Riff Rhapsody" e "Coop's Solo" estão no disco da Capitol prensado no Brasil.)

# Gerry Mulligan • Chet Baker • Shorty Rogers

Gerry Mulligan

Chet Baker

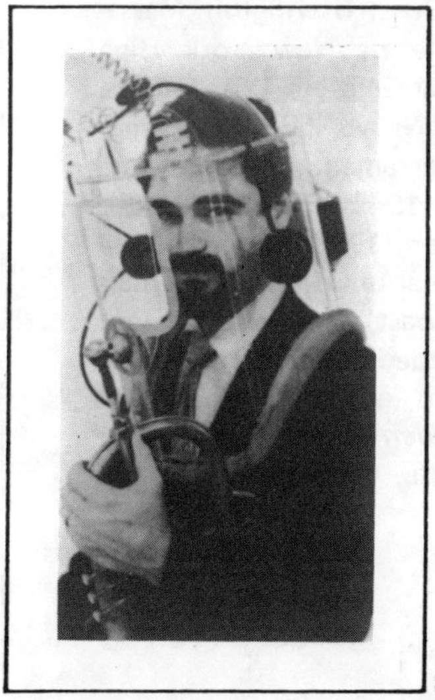

Shorty Rogers

GERRY MULLIGAN – Nasceu em Nova York, 1927. Estudou música em Filadélfia; retornou a Nova York, em 1946, passando a trabalhar como arranjador e saxofonista barítono nas orquestras de Gene Krupa e Claude Thornhill. Em 1948-49, integrou o célebre noneto de Miles Davis, para o qual escreveu "Jeru", "Godchild", "Rocker" e "Venus de Milo". Fez parte ainda dos conjuntos de Kai Winding, Elliot Lawrence (1950) e de novo Thornhill (1951), até formar, na Califórnia, em 1952, seu quarteto, sem piano, com o trompetista Chet Baker. Mulligan tornou-se, com o sucesso do quarteto, o mais conhecido e respeitado sax barítono do *jazz.* Apresentou-se e gravou, ainda, com um sexteto incluindo Zoot Sims (sax tenor) e com seu Tentet. Em 1960, organizou uma *big band*, que chamou The Concert Jazz Band, ao lado do trombonista e arranjador Bob Brookmeyer. Como co-líder, gravou com vários solistas de renome, como Thelonious Monk, Paul Desmond, Ben Webster e Stan Getz.

CHET BAKER – Nasceu em Yale, Oklahoma, 1929. Tendo crescido na Califórnia, onde estudou música, passou a freqüentar os clubes de São Francisco, depois de ter feito o serviço militar na Alemanha. O som *cool* de seu trompete, revelado no quarteto de Gerry Mulligan (1952), deu-lhe fama e prestígio muito cedo. Viciado em drogas, foi para a Europa em 1955, sendo preso diversas vezes. Nos últimos anos, voltou a se apresentar em clubes e a gravar com mais regularidade para etiquetas de prestígio, como a SteepleChase, sendo ainda uma das vozes mais pessoais e atraentes entre os trompetistas de *jazz.*

SHORTY ROGERS – Nasceu em Great Barrington, Massachusetts, 1924. Estudou trompete na New York High School of Music, e composição e arranjo em Los Angeles. Tocou com o vibrafonista Red Norvo (1942-43), mas começou a ficar conhecido como arranjador e trompetista na orquestra de Woody Herman (1945-46, 1947, 1949). Integrou a orquestra de Stan Kenton (1950-51), fixando-se na Califórnia, em 1952, para se tornar um dos músicos mais representativos do estilo "West Coast", à frente de seus Giants. Nas décadas de 60 e 70, dedicou-se à música de estúdio e de filmes, tendo assinado, entre outras, a trilha sonora de *The Man with the Golden Arm,* estrelado por Frank Sinatra. Muito recentemente, Rogers voltou a se apresentar e a gravar como *jazzman.*

A maneira *cool* de tocar *jazz* não apareceu de repente, na Costa Oeste dos Estados Unidos, no início da década de 50. A orquestra de Claude Thornhill (1909-1965), que teve como arranjadores Gil Evans e Gerry Mulligan, tocava por volta de 1946 um tipo de *jazz* menos extrovertido que o *bop,* procurando conciliar a espontaneidade inerente à criação jazzística com uma escrita mais refinada, harmonicamente mais densa. Woody Herman é o grande precursor do estilo, ao acolher no seu *second herd* os Four Brothers, e ao gravar, em 1948, o clássico "Early Autumn" de Ralph Burns, com o solo decididamente *cool* de Stan Getz (ver capítulo sobre Woody Herman). O noneto liderado por Miles Davis, que gravou, em 1949, as obras-primas das sessões editadas pela Capitol como o "Birth of the Cool" ("O nascimento do *cool*") foi, realmente, o primeiro conjunto a tocar *jazz* segundo a estética *cool*, embora o estilo fosse praticado, de maneira fragmentária, pela orquestra de Stan Kenton, no fim da década de 40, em alguns arranjos de Pete Rugolo e nos solos dos membros da orquestra que viriam, logo depois, a se consagrar como estrelas do estilo "West Coast".

As obras-primas registradas nas sessões "Birth of the Cool" são: "Jeru", "Move", "Godchild" (janeiro de 1949) e "Israel", "Venus de Milo", "Boplicity" e "Rouge" (abril de 1949). Miles Davis, Gerry Mulligan (sax barítono), Lee Konits (sax alto) e Bill Barber (tuba) estão nas duas sessões. Kai Winding (trombone), Junior Collins (trompa), Al Haig (piano), Joe Schulman (baixo) e Max Roach (bateria) são os outros músicos do noneto na sessão de janeiro, substituídos, na de abril, respectivamente, por Jay Jay Johnson, Sandy Siegelstein, John Lewis, Nelson Boyd e Kenny Clarke.

Sem recusar as inovações estruturais do *bop*, mas buscando uma expressão musical despojada de truques, uma sonoridade pura, um ritmo relaxado e uma postura introvertida, o trompetista Miles Davis encontrou nos arranjos de Mulligan ("Jeru", "Godchild" e "Venus de Milo"), John Carisi ("Israel"), John Lewis ("Move" e "Rouge") e de Gil Evans ("Boplicity") o meio ideal para atingir o objetivo de sofisticar as orquestrações muito simples dos pequenos conjuntos *bop* e de escoimar o idioma de pirotecnias gratuitas.

"Independentemente de suas qualidades puramente jazzísticas" — escreve André Hodeir[1] — "faces como 'Boplicity' e 'Godchild' inclinam o *jazz* na direção de uma linguagem em que se conjectura a riqueza ainda por vir; 'Israel' testemunha uma vontade fecunda de prospecção da escrita polifônica; 'Jeru' reconsidera audaciosamente a forma, o compasso e a acentuação. Um Evans, um Mulligan parecem ter compreendido que o objetivo principal do arranjador deve ser respeitar a personalidade de cada executante, embora dando ao grupo uma alma unânime."

No caso do noneto de Miles Davis de 1949, essa "alma unânime" era um somatório natural de personalidades, naquela época, extremamente afinadas com o solista principal, Miles Davis, como as de Lee Konitz e Gerry Mulligan. Os solos são de uma continuidade lógica e estilística inseparável da trama orquestral. Os *choruses* de Mulligan em "Jeru", "Godchild" e "Boplicity", e os de Konitz em "Move", "Rouge" e "Israel" são, além do mais, pequenas jóias de construção e refinamento.

[1] André Hodeir, *op. cit.*, p. 168.

Embora o "Birth of the Cool" tenha se dado em Nova York, na Costa Leste dos Estados Unidos, seu impacto foi sentido e rapidamente difundido na Costa Oeste, mais precisamente na Califórnia. A "West Coast" deu seu nome ao estilo de *jazz* diretamente derivado da introspecção do *cool*, não porque entre 1950 e 1955 (período em que floresceu) fosse o único lugar do país onde se procuravam alternativas para o *bop*. Mas foi na Califórnia que, durante aqueles anos, se encontraram e trabalharam juntos, por uma série de fatores econômicos e culturais, músicos excepcionais, a maioria egressa da orquestra de Stan Kenton, no seio da qual já vinham desenvolvendo idéias musicais comuns.

O trompista John Graas conta[2] que, em 1950, ele e outros músicos da orquestra de Kenton, passando pela Califórnia em *tournée*, resolveram lá se estabelecer, embora cientes do sacrifício material que teriam de fazer, por ser a Costa Oeste, naquela época, o "quartel-general do Dixieland". Graas fala também da importância das lições de Shorty Rogers e do Dr. Wesley La Violette no desenvolvimento do estilo "West Coast":

> Shorty chegou à Costa com um conhecimento perfeito de tudo o que se fazia em matéria de *jazz* nos Estados Unidos. Não se deve também esquecer o papel importante do Dr. Wesley La Violette, que deu, a todos nós, uma linguagem comum. O Dr. La Violette era compositor e professor, e tinha um modo maravilhoso de ensinar a teoria musical, particularmente a do contraponto. Ele jamais compôs *jazz*, e acho que não entendia grande coisa de *jazz*. Mas sempre nos levou a observar as regras musicais em *jazz*. Nos ajudou a absorver um monte de teorias importantes, e nos convenceu a utilizá-las. (. . .) Muitos de nós estudamos também com Shorty (. . .) Ele nos fez escutar Basie, Dizzy, Charlie Parker, Lester Young, etc. Dizia que Parker conhecia, nota por nota, todos os *choruses* de Lester.

Se o estilo "West Coast" tem um registro de nascimento, esse registro é a gravação feita pelo compositor, arranjador e trompetista Shorty Rogers, em outubro de 1951, para a Capitol. O álbum chamou-se *Modern Sounds by Shorty Rogers' Giants*, e os *giants* eram Jimmy Giuffre (sax tenor), Art Pepper (sax alto), John Graas (trompa), Gene Englund (tuba), Hampton Hawes (piano), Don Bagley (baixo) e Shelly Manne (bateria). Esse octeto (a formação era a do noneto de Miles Davis, menos o trombone) perpetuou seis preciosidades irretocáveis do estilo "West Coast": "Four Mothers" (referência de Giuffre ao clássico "Four Brothers"), "Didi", "Sam and The Lady", "Popo", "Apropos" (todas de Rogers) e uma versão de "Over the Rainbow" dedicada ao grande Art Pepper.

O Lighthouse, clube de *jazz* dirigido pelo contrabaixista Howard Rumsey, em Hermosa Beach, passou a ser, para os *West coasters*, o que a Rua 52 foi para os *boppers*. O conjunto Lighthouse All-Stars, liderado por Rumsey, e que incluiu, entre outros, Bud Shank, Stan Levey, Bob Cooper, Conte Candoli, Claude Williamson, Russ Freeman, além de Rogers, Giuffre e Shelly Manne, difundiu o "novo som" da Costa Oeste, através da Contemporary, etiqueta subsidiária da Good Time Jazz, criada em função do sucesso do álbum de Shorty Rogers e seus Giants. Os discos dos Lighthouse All-Stars, a partir de julho de 1952, com peças como "Out of Somewhere" e "Swing Shift", tornaram-se *best sellers*.

Ainda em 1952, Richard Bock contratou Gerry Mulligan e o trompetista Chet Baker, então com 22 anos, para tocar no clube Haig. A Mulligan

[2] Nat Shapiro e Nat Hentoff, *op. cit.*, p. 400.

e Baker associaram-se o baterista Chico Hamilton e o contrabaixista Bob Whitlock (logo substituído por Carson Smith). Estava fundado o "quarteto sem piano" de Gerry Mulligan, que seria, por muitos anos, o melhor *combo* de câmara do *jazz*, ao lado do Modern Jazz Quartet de John Lewis. Para gravar o quarteto Mulligan-Baker, Richard Bock constituiu a Pacific-Jazz Records, que seria, juntamente com a Contemporary, a etiqueta-padrão do "West Coast style".

Mulligan, cujo *curriculum vitae* era já excepcional (arranjos para as *bands* de Claude Thornhill, Gene Krupa e para o noneto de Miles Davis), havia gravado, em agosto de 1951, com uma banda de 10 membros, incluindo Allen Eager (sax tenor) e George Wallington (piano), "Funhouse", "Ide's Side", "Bweebida Bobbida" e outras faixas altamente representativas de seu estilo como compositor-arranjador e solista. Mas o seu quarteto, em que seus firmes laços com a *mainstream* do *jazz* não eram sonegados, mas sutilmente preservados por sob uma trama contrapontística sofisticada, foi como uma lufada de ar fresco no habitual *living room* do *jazz*.

"Line for Lyons", "Bark for Barksdale", "My Funny Valentine", de setembro de 1952, e a elegante versão de "Lady Is a Tramp", de janeiro de 1953, são obras-primas do estilo "West Coast", ao mesmo tempo em que revelam dois grandes instrumentistas: o saxofonista barítono Gerry Mulligan, dando ao seu pesado instrumento uma leveza insuspeitada, apoiado numa técnica primorosa e num sopro quase sensual; e o trompetista Chet Baker, reedição moderna de Bix Beiderbecke e que tinha, naquela época, um som mais redondo que o de Miles Davis.

"A falta dos comentários dos acordes de piano" — anotaram Brian Case e Stan Britt[3] — "deu aos solistas [do quarteto] grande liberdade melódica, e Mulligan e Baker tocavam linhas de apoio um para o outro. O contraponto, entrelaçando-se com a ondulante seção rítmica, deu ao grupo um som único, e muitas de suas características foram copiadas na Costa Oeste."

Não se pode menosprezar, em comparação com o original, o novo quarteto que Mulligan organizou, em 1954, com o trombonista (de válvula) Bob Brookmeyer (mais Red Mitchell, baixo, e Frank Isola, bateria). Brookmeyer foi um dos mais destacados solistas do *cool jazz*, e um *partner* mais que perfeito para Mulligan.

Em janeiro de 1953, Mulligan organizou um tenteto — basicamente seu quarteto com Chet Baker, inserido num contexto orquestral semelhante ao do noneto de Miles Davis — responsável por outros grandes momentos do estilo "West Coast": "Walkin' Shoes", "Westwood Walk", "Rocker" e "A Ballad".

"'Walkin' Shoes' e 'Westwood Walk'" — os comentários são de Simon Korteweg[4] — "retêm a simplicidade do quarteto original. Os uníssonos executados por trás dos solistas, por exemplo, são muito semelhantes aos apropriados acompanhamentos de Mulligan por trás de Baker no quarteto. Por outro lado, 'Rocker' e 'A Ballad' assemelham-se à obra do grupo de Miles Davis. A primeira, na realidade, foi gravada pelo conjunto em 1950, mas, posteriormente, Mulligan fez algumas alterações no arranjo, acrescentando alguns apoios de fundo aos solos, mas não conservou a va-

3 Brian Case e Stan Britt, *op. cit.*, p. 142.

4 Notas de contracapa do álbum *Gerry Mulligan Tentet*. Ver discografia.

riação do tema no último *chorus*. 'A Ballad' é muito semelhante à versão de 'Moon Dreams' do conjunto de Davis, e demonstra claramente a influência de Gil Evans sobre Mulligan."

O *cool jazz* em geral, e o estilo "West Coast", em particular, estão bem representados na obra de vários músicos excepcionais, que enriqueceram o *jazz* na década de 50. A lista seria muito longa, mas não se pode deixar de destacar a plêiade de saxofonistas que caracterizou essa época: Stan Getz, Zoot Sims, Al Cohn, Brew Moore, Allen Eager, Art Pepper, Lee Konitz, Warne Marsh, Jimmy Giuffre, Bob Cooper, Bill Perkins, Bud Shank, entre outros. Getz merecerá um tratamento à parte neste livro, assim como Lee Konitz e Warne Marsh, membros proeminentes da cerebral escola de Lennie Tristano.

## DISCOGRAFIA

*The Complete Birth of the Cool – Capitol Jazz Classics,* vol. 1, Capitol SC 13012.
*Shorty Rogers with Stan Kenton, June Christy, The Giants* – Pausa, 9016.
*Mulligan/Baker* – Prestige, 511 7019 (dois discos).
*Gerry Mulligan Tentet – Capitol Jazz Classics,* vol. 4, Capitol SC 13015.

(As gravações de Shorty Rogers e seus Giants, de 1951, foram reeditadas no disco da Pausa. O álbum duplo da Prestige e o disco da Capitol foram lançados no Brasil. O primeiro contém as obras-primas do quarteto Mulligan-Baker.)

# Art Blakey • Horace Silver

Art Blakey

Horace Silver

ART BLAKEY – Nasceu em Pittsburgh, Pensilvânia, 1919. Foi baterista da orquestra de Billy Eckstine (1944-47), até viajar para a Nigéria, a fim de conhecer *in loco* e praticar os ritmos africanos. Tocou na orquestra de Lucky

Millinder e foi *habitué* do Minton's e do Birdland, em Nova York, antes de formar, em 1955, o conjunto The Jazz Messengers, com Horace Silver, Hank Mobley (sax tenor), Kenny Dorham (trompete) e Doug Watkins (baixo). The Jazz Messengers, sempre sob a liderança de Blakey, tornou-se um dos mais populares e um dos melhores *combos* do *jazz* moderno, especialmente do *hard bop*. A uma política de renovação constante do grupo, que de quinteto se transformou em sexteto, sempre sob a batuta vigorosa de Blakey, se deve, certamente, um sucesso sem precedente que resiste a quatro décadas.

HORACE SILVER — Nasceu em Norwalk, Connecticut, 1928. Estudou também saxofone, antes de se dedicar integralmente ao piano. Foi pianista do quarteto de Stan Getz (1950), tocando depois com Art Blakey (1951-52), Coleman Hawkins e o clarinetista Tony Scott (1953). Em 1954, reuniu-se a Art Blakey em apresentações no Birdland, de Nova York, e constituiu com o baterista, no ano seguinte, o conjunto The Jazz Messengers. Em 1956, formou seu próprio quinteto que, com constantes renovações de pessoal, dirigiu-se até a década de 70. Um dos pianistas de estilo mais pessoal no *jazz*, é também conceituado líder e compositor do *jazz* moderno. Seus quintetos revelaram músicos da expressão dos saxofonistas Junior Cook, Hank Mobley, Joe Henderson, e dos trompetistas Art Farmer, Blue Mitchell e Woody Shaw. Nos últimos anos, fez uma série de gravações de escrita mais elaborada para orquestra (com destaque especial para metais, madeiras, cordas ou vozes), em torno de um quinteto básico que sempre procura manter.

A condimentação *bluesy* que o baterista Art Blakey e o pianista Horace Silver deram ao quinteto clássico *bop* revigorou, na década de 50, o estilo forjado por Charlie Parker, Dizzy Gillespie e Thelonious Monk, 10 anos antes. A revitalização do *bop* foi uma reação de fundo estético e cultural à introspecção do *cool* que, como se viu, passou a merecer a preferência de uma massa considerável de jazzófilos e produtores de discos, fascinados com o *new sound* da Costa Oeste, tal qual transmitido por Gerry Mulligan, Chet Baker, Shorty Rogers & Cia.

Em oposição ao estilo suave e aéreo da Costa Oeste, o estilo de Art Blakey, Horace Silver e seus mensageiros respeitava os cânones harmônicos do *bop*, mas realçava a expressividade religiosa do *gospel* e do *blues*, além de expor, sem meios tons, as raízes rítmicas africanas do *jazz. Hard, soul, funky,* groovy* foram adjetivações encontradas para ilustrar essa nova tendência do *jazz*, até hoje tão viva e ativa como seus principais fundadores.

O primeiro registro fonográfico essencial do *hard bop* foi feito numa noite no Birdland, de Nova York, em fevereiro de 1954, por um quinteto formado por Art Blakey, Horace Silver, Clifford Brown (trompete), Lou Donaldson (sax alto) e Curley Russell (baixo). Esse grupo — que seria a base dos Jazz Messengers de Art Blakey — gravou para a Blue Note algumas faixas sensacionais, como "Night in Tunisia", "Quicksilver", "Now's the Time" e "Confirmation". A interação da bateria de Blakey e do piano de Silver com os instrumentos de sopro era de uma intensidade jamais ouvida, pois, mesmo nos melhores *combos* do *bop* clássico, a seção rítmica, por mais atuante e criativa que fosse, sempre guardava certa "distância" dos solistas principais, a fim de não abafá-los. Além do mais, o grupo revelava, em toda sua plenitude, o trompetista Clifford Brown.

Um ano depois, os Jazz Messengers de Blakey, com Silver, Kenny Dorham (trompete), Hank Mobley (sax tenor) e Doug Watkins (baixo), gravaram, também para a Blue Note, um álbum com pelo menos duas obras-primas do *hard bop*: "The Preacher" e "To Whom It May Concern". "The Preacher", composição de Horace Silver, tornou-se um clássico do *jazz* moderno e uma espécie de hino do *soul jazz*, recriação admirável que era do clima do *gospel* na linguagem *bop.* Em consonância com a poderosa e excitante bateria de Blakey, Silver surgia, entre os grandes pianistas de *jazz*, com um estilo personalíssimo, em que uma mão esquerda vigorosa e altamente percussiva propelia desenhos melódicos surpreendentes e sinuosos da mão direita, num todo picante e estimulante, rico em alternativas rítmico-melódicas.

A associação Blakey-Silver produziu outro disco excelente (abril-maio de 1956), em que as qualidades dos Messengers (Donald Byrd já havia substituído Kenny Dorham) são exibidas no seu mais alto nível, sobretudo em "Ecaroh" e "Nica's Dream", ambas composições de Silver.

Em 1956, Horace Silver resolveu formar o primeiro dos vários quintetos que teve sob seu próprio nome. Art Blakey prosseguiu e prossegue, até os dias de hoje, como o profeta de seus Messengers. Os grupos de ambos foram verdadeiros cursos de graduação para uma legião de grandes solistas de *jazz.* Ao se referir a Art Blakey e a seus Messengers, Joe Goldberg[1]

[1] Joe Goldberg, *Jazz Masters of the 50's.* New York: Macmillan, 1966, p. 51.

escreve que "ele fez de seu grupo algo como um paralelo móvel do Actor's Studio, uma unidade em que jovens músicos podem praticar em público suas habilidades em desenvolvimento, até que estejam preparados para seguir seus próprios caminhos". Da extensa lista de solistas que cresceram a partir dos Jazz Messengers, citem-se os saxofonistas Jackie McLean, Benny Golson, Johnny Griffin, Wayne Shorter; os trompetistas Donald Byrd, Lee Morgan, Freddie Hubbard, Bill Hardman, Chuck Manggione, Wynton Marsalis; os pianistas Bobby Timmons, Cedar Walton, Keith Jarrett. Foram pupilos de Horace Silver, entre outros, os trompetistas Art Farmer, Blue Mitchell, Woody Shaw, Randy Brecker; os saxofonistas Junior Cook, Clifford Jordan, Joe Henderson, Tyrone Washington, James Spaulding, Michael Brecker.

A discografia dos Messengers de Art Blakey é imensa, mas podemos selecionar alguns momentos indiscutivelmente memoráveis ou altamente representativos do que de melhor se fez em termos de *hard bop*, em suas variações *funky*, *groovy* ou *soul*. O álbum *Jazz Messengers with Thelonious Monk*, de 1958, em que o grupo, com Johnny Griffin e Bill Hardman, interpreta "Evidence", "In Walked Bud" e outras obras de Monk, em companhia do pianista-compositor, é um registro precioso do *jazz* moderno. "Moanin'", composição do pianista Bobby Timmons, está para o *soul jazz* como "The Preacher" para o *funk*. A gravação de "Moanin'", do concerto do Olympia, em Paris, em dezembro de 1958, é tão inesquecível como o eletrizante solo do grande trompetista Lee Morgan, morto, em 1972, aos 33 anos. Depois do grupo *soul* com Morgan e Timmons, Art Blakey transformou (1961-62) em sexteto o seu habitual quinteto. O trombone de Curtis Fuller deu ao conjunto um som de maior profundidade, assim como o sax tenor de Wayne Shorter, que, juntamente com o trompetista Freddie Hubbard e o pianista Cedar Walton, colaborou com composições e arranjos inéditos para o sucesso dessa edição mais elaborada dos Messengers. O álbum *Three Blind Mice*, de 1962, é o mais importante registro dessa fase, contendo *performances* da maior qualidade, como a de "Plexis" (composição de Cedar Walton). Nos anos recentes, Art Blakey vem revigorando com sangue muito novo seus Messengers, sem mudar basicamente a mensagem. O grupo que gravou *Album of the Year* (Paris, abril de 1981), com Wynton Marsalis (trompete), Bill Pierce (sax tenor), Robert Watson (sax alto), Charles Fambrough (baixo) e James Williams (piano) é particularmente notável pela técnica, musicalidade e garra dos solistas, como atestam faixas como "Cheryl" e "Ms. B.C.".

Se nos Jazz Messengers Art Blakey é o dínamo propulsor do intenso *swing* do grupo, Horace Silver tem o mesmo papel nos quintetos que liderou de 1956 até meados da década de 70. Mas, além de ser a âncora de seus conjuntos, Silver é um dos mais originais inventores de temas jazzísticos. São temas de sabor todo especial, imediatamente reconhecíveis como de sua lavra. "The Preacher", "Doodlin'", "Come On Home", "Finger Poppin", "Filthy McNasty", "Doin' the Thing", "Song for My Father", "The Outlaw" são composições típicas de Silver, obras-primas de uma corrente do *jazz* carregada de um *blues feeling* contagiante.

Dos grupos de Silver posteriores a 1956, o de 1960-61 é o mais *autêntico*. Ao lado de Blue Mitchell (trompete), Junior Cook (sax tenor), Gene Taylor (baixo) e Louis Hayes ou Roy Brooks (bateria), Silver gravou, sempre para a Blue Note, versões irresistíveis de "Come On Home", "Finger Poppin' ", "Filthy McNasty" e "Doin' the Thing". Antes, em

1958, Silver já havia formado um quinteto de sucesso, com Art Farmer (trompete) e Clifford Jordan (sax tenor), responsável por uma brilhante interpretação de "The Outlaw", um daqueles *blues* com tempero latino que são sua marca registrada. Em 1965, o quinteto de Silver ficou ainda mais popular com o lançamento dos álbuns *Song for My Father* e *The Cape Verdean Blues,* cujas faixas-título revivem a ascendência de Horace Ward Martin Tavares Silver, filho de um imigrante de Cabo Verde. O próprio Silver explica como introduziu esse novo tempero em sua música, numa entrevista a Michael Cuscuna.[2]

> "[meu pai] sempre me perguntava por que eu não procurava adaptar ao *jazz* algo do folclore cabo-verdeano. Mas, na verdade, nunca me interessei muito por isso, até que fui ao Brasil, em 1964. Foi convivendo com Sérgio Mendes, Jobim e Dom Um Romão que me voltei para minha própria herança. Quando criança, sempre via meu pai, meu tio e seus amigos cabo-verdeanos como pessoas mais velhas, com as quais não podia me ligar. Mas lá [no Brasil] eu estava com gente da minha idade que também curtia *jazz*. E eu, realmente, adorei a bossa-nova. Assim é que, quando voltei, escrevi 'Song for My Father' e a dediquei a papai."

"Song for My Father" e "Cape Verdean Blues" não são obras-primas de Horace Silver, mas são faixas valorizadas pela presença do grande Joe Henderson (sax tenor) e dos trompetistas Carmell Jones ("Song") e Woody Shaw ("The Cape").

As obras mais recentes de Horace Silver, mais elaboradas, com orquestra e vozes, como *Silver'n Strings Play The Music of Spheres e Silver'n Voices,* têm interesse pela sua originalidade e musicalidade, além do espaço que o quinteto ocupa dentro delas, mas não têm a criatividade espontânea e envolvente dos momentos inesquecíveis dos anos 50 e 60.

DISCOGRAFIA

*A Night at Birdland* — Blue Note, BST-81521/2 (dois discos).
*The Best of Horace Silver* — Blue Note, BST-84325.
*Art Blakey/The Original Jazz Messengers* — CBS-225035.
*Jazz Messengers with Thelonious Monk* — Atlantic, AT-1278.
*Paris Concert* — Epic, LA-16009.
*Three Blind Mice* — United Artists, UAJ-14002.
*Album of the Year* — Timeless, SJP-155.
*Finger Poppin'* — Blue Note, BST-84008.
*Doin' the Thing* — Blue Note, BST-84076.
*Further Explorations* — Blue Note, 052 82962.
*Song for My Father* — Blue Note, BST-84185.
*The Cape Verdean Blues* — Blue Note, BST-84220.

("Doodlin'" e "The Preacher" estão em *The Best of Horace Silver.* O disco CBS, prensado no Brasil, contém "Ecaroh" e "Nica's Dream". Em *Finger Poppin's* estão a faixa-título e "Come On Home", enquanto *Doin' the Thing* contém, além da faixa-título, "Filthy McNasty". "The Outlaw" faz parte de *Further Explorations*, da série Blue Note Classic, lançada no Brasil.)

[2] *Down Beat,* novembro de 1980, p. 16.

# Clifford Brown • Max Roach

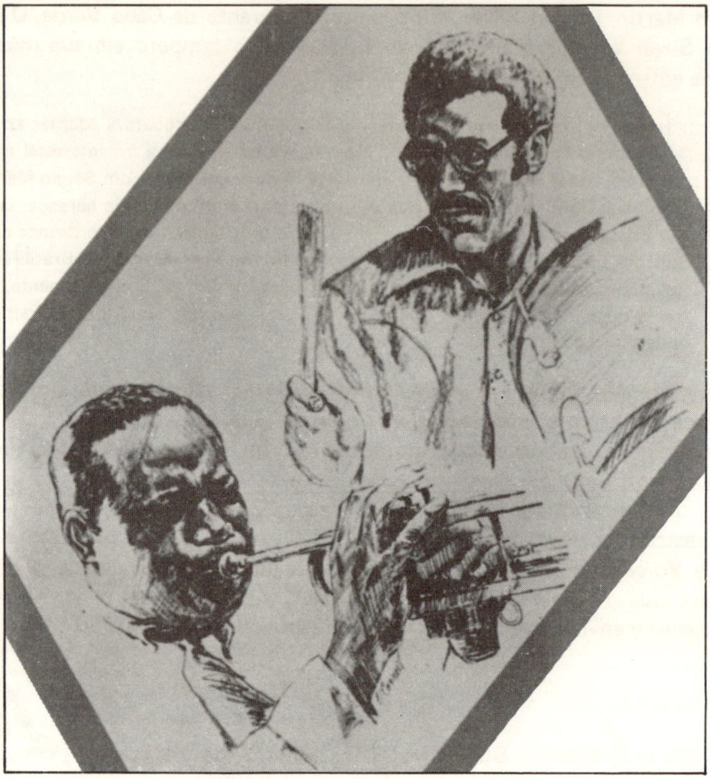

Clifford Brown e Max Roach

CLIFFORD BROWN – **Nasceu em Wilmington, Delaware,** 1930; morreu em 1956. Iniciou sua vida profissional em 1952, na orquestra *rhythm* & *blues* de Chris Powell (The Blue Flames). Em 1953, foi contratado por Lionel Hampton, que organizou uma grande orquestra para se apresentar na Europa. A crítica européia saudou-o como o novo grande trompetista do *bop* e, no seu retorno aos Estados Unidos, formou com o baterista Max Roach o célebre quinteto *hard bop* com Harold Land e, logo depois, Sonny Rollins, no sax tenor. Morreu num desastre de automóvel, em companhia do pianista Richie Powell, quando viajavam de Filadélfia a Chicago, para uma apresentação do quinteto.

MAX ROACH – Nasceu em Nova York, 1925. Jovem freqüentador do Minton's, no início dos anos 40, forma, com

Kenny Clarke e Art Blakey, a trindade máxima da bateria *bop*. Foi *sideman* de Charlie Parker, Dizzy Gillespie e Bud Powell em vários dos melhores momentos do *bop* clássico. Em 1954, formou com Clifford Brown um quinteto que foi um dos principais responsáveis pela institucionalização do *hard bop*. Em 1958, associou-se ao trompetista Booker Little e ao saxofonista George Coleman. A partir de 1960, integrado no movimento pelos direitos políticos e sociais do negro norte-americano, destacou-se também como compositor de peças jazzísticas (*Freedom Now Suite*) e líder de conjuntos.

Com apenas quatro anos de obra gravada, de março de 1952 até pouco antes de sua morte, em junho de 1956, Clifford Brown entrou para a história do *jazz* como o trompetista da segunda geração do *bop* que melhor assimilou as lições de Dizzy Gillespie, Fats Navarro e Miles Davis, sintetizando-as numa linguagem melódica própria, apoiada numa técnica primorosa. Suas *performances* registradas em disco não só se tornaram pontos culminantes do *jazz* moderno como influenciaram os grandes trompetistas de *jazz* que lhe sucederam, especialmente Freddie Hubbard, Woody Shaw e Wynton Marsalis.

Em setembro de 1953, Brown viajou para a Europa, como integrante da excelente *big band* de Lionel Hampton. Lá permaneceu até novembro, tendo gravado, em companhia do saxofonista Gigi Gryce, outros membros da orquestra de Hampton e músicos franceses, como Henri Rénaud (piano) e Pierre Michelot (baixo), uma série de faixas, com orquestra, quarteto, quinteto e sexteto. Essas faixas européias mostram já o equilíbrio que Brown obtinha entre um lirismo fascinante, que não podia deixar de recordar Fats Navarro, e uma facilidade de fraseado digna de Dizzy Gillespie.

Mas foi a sessão no Birdland, em 1954, com Art Blakey e Horace Silver (ver capítulo anterior), que o projetou e que chamou a atenção do baterista Max Roach. O quinteto que Roach formou, em 1954, com Clifford Brown no trompete, teve vida muito curta, em comparação com a longevidade dos quintetos de Horace Silver e dos Messengers de Art Blakey. Mas teve um impacto tão grande no *jazz* moderno como o desses grupos, responsáveis diretos pelo revigoramento do *bop*.

O hoje célebre quinteto Roach-Brown gravou pela primeira vez em Los Angeles, em maio de 1954. O saxofonista era Teddy Edwards e o pianista, Carl Perkins. Mas foi o quinteto com Harold Land (sax tenor), Richie Powell (piano) e George Morrow (baixo) que perpetuou as primeiras obras-primas do *tandem* Brown-Roach, em agosto daquele ano: "Jordu", plangente composição de Duke Jordan, que contém um soberbo solo em tempo médio de Brown; "Joy Spring", composição do próprio trompetista, por ele desenvolvida com uma elegância de fraseado só comparável à de Fats Navarro; "Daahoud", outro tema de "Brownie", à moda de Tadd Dameron, fascinante em termos de exposição e desenvolvimento melódicos.

Esses e os outros momentos do quinteto dependem, para sua completa *réussite*, da arte superior de Max Roach, o maior e mais melódico de todos os bateristas de *jazz*. É Roach quem dá ao quinteto unidade estrutural e impacto rítmico-melódico fora de série. Não se pode esquecer, também, a contribuição do pianista Richie Powell (1931-1956), irmão de Bud e talvez por isso mesmo não devidamente apreciado, embora seu estilo seja um *blend* charmoso das artes e artimanhas de Bud Powell e Horace Silver.

O quinteto Clifford Brown-Max Roach, ainda com o saxofonista Harold Land, gravou outras faces brilhantes, em duas sessões de fevereiro de 1955: "George's Dilemma", composição de Brown, uma espécie de "Night in Tunisia" em andamento mais lento; um inesquecível "Cherokee", com Roach criando um clima rítmico contrastante com os solos de "Brownie" e Land, através da acentuação dos tempos fracos; "Sandu", um *blues* de tempo médio.

Mas o quinteto atingiria um nível ainda mais excepcional nas sessões realizadas em janeiro e fevereiro de 1956, com a substituição de Harold Land por Sonny Rollins. Land é um ótimo saxofonista, que enriqueceu com seu som e suas idéias o conjunto Brown-Roach. Rollins começava, no entanto, naquela época, a se impor como o mais importante e influente sax tenor do *jazz* a surgir depois de Coleman Hawkins e Lester Young. O som autoritário de Rollins, sua arte muito pessoal de *découpage* rítmica e de *collage* melódica deram ao quinteto uma tensão rítmico-melódica sensacional. Clifford Brown tornou-se ainda mais fulgurante, e Max Roach, mais feérico. "What Is This Thing Called Love" e "Love Is A Many Splendored Thing", gravados na sessão de 16 de fevereiro, são as obras mais memoráveis do quinteto Brown-Roach com Rollins, sendo também interpretações altamente representativas as de "Gertrude's Bounce" e "Powell's Prances", ambas composições de Richie Powell, registradas em janeiro, e a versão de "The Scene Is Clean", de Tadd Dameron, da sessão de 17 de fevereiro de 1956.

Clifford Brown gravou também com o mesmo grupo um disco para a Prestige, em março de 1956, intitulado então *Sonny Rollins Plus Four*, que contém "Valse Hot", de Rollins, provavelmente a primeira execução em 3/4 de um tema *bop.* Em 1982, a Elektra/Musician editou o primeiro volume de gravações do quinteto ao vivo, em 1956, da coleção privada da Sra. Clifford Brown (*Pure Genius*). Apesar da cuidadosa restauração dos *tapes*, a captação do som é imperfeita, o que não chega a prejudicar a intensa criatividade e a qualidade musical das *performances.* Os destaques são a versão de quase 20 minutos de "I'll Remember April" e o primoroso tratamento que Brown dá à balada "What's New".

DISCOGRAFIA

*Clifford Brown/The Quintet – The EmArcy Jazz Series*, vols. 4 e 8, 9286 533/534 e 9199 037/038 (quatro discos).
*Sonny Rollins* – Prestige, P-24004.
*Pure Genius,* vol. 1 – Elektra/Musician, 22053.

(As obras-primas de 1954, 55 e 56 estão nos dois álbuns duplos da EmArcy lançados no Brasil. "Valse Hot" é do álbum da Prestige. *Pure Genius* foi também prensado no Brasil, mas há um erro na etiqueta: "I'll Remember April" é a segunda, e não a primeira faixa do lado A; a primeira faixa, que tem 3 min 54 seg e não 19 min 14 seg, é que é "What's New".)

# Sonny Rollins

Sonny Rollins

Nasceu em Nova York, 1929. Começou a aparecer em 1948, tocando com o grupo do vocalista *bop* Babs Gonzales. Trabalhou em seguida com Art Blakey, Tadd Dameron e Bud Powell, mas foram suas gravações com Miles Davis em 1953 e 1954 ("Oleo", "Doxy") que lhe deram prestígio. A consagração, como o mais importante saxofonista tenor aparecido depois de Coleman Hawkins e Lester Young, veio em 1956, quando gravou o álbum *Saxophone Colossus* e se integrou ao quinteto Clifford Brown-Max Roach. Em 1959, Rollins abandonou voluntariamente a cena, passando mais de um ano sem gravar e sem se apresentar em público. Retornou em 1961, com um quarteto do qual fazia parte o guitarrista Jim Hall. Aproximou-se do *free jazz*, em 1962, tocando e gravando com o trompetista Don Cherry. Nos anos 70, gravou uma série de discos para a etiqueta Milestone, adotando em seus grupos um som mais *pop*, com a ajuda de piano e baixo elétricos.

Em 1956-57, Sonny Rollins foi consagrado pela crítica especializada como o maior saxofonista tenor a surgir na cena jazzística desde Coleman Hawkins e Lester Young, com a aparição de uma série de álbuns em que era líder: *Sonny Rollins Plus 4, Tenor Madness* e *Saxophone Colossus*. Não se tratava de uma consagração repentina. Rollins, aos 19 anos, tocara com Bud Powell (*The Amazing Bud Powell*) e, em 1954, gravara ao lado de Miles Davis, interpretando três composições de sua lavra que se tornariam clássicos do *jazz* moderno: "Doxy", "Oleo" e "Airegin".

Mas no biênio 56-57 a arte e o som de Rollins foram reconhecidos como exclusivos de um músico que não era mais apenas — o que já seria muito — o "Charlie Parker do sax tenor", mas uma das vozes mais criativas e auto-suficientes dos anos pós-Parker.

Sem desprezar a veemência e a qualidade musculosa do estilo de Coleman Hawkins, mas preferindo um som com menos vibrato, próximo do de Lester Young, Rollins desenvolveu as lições parkerianas no sentido de um expressionismo vibrante, eminentemente rítmico-melódico. Sua música, dosando rispidez e cordialidade, é rica em contrastes, não só entre os registros grave e agudo do sax tenor, mas também entre climas alegres e sombrios, entre o humor e o lirismo. Impacto e impetuosidade são as marcas registradas desse improvisador, cujo discurso não tem meios tons, e cuja inventividade melódica flui de seu instrumento, que domina com técnica soberba, como uma torrente inesgotável. Um pouco como Thelonious Monk, e antecipando muito do estilo de Ornette Coleman, Sonny Rollins fundamenta suas improvisações, principalmente, no desenvolvimento melódico do tema, e não, como era usual no *bop* clássico, na exploração dos acordes de base.

Os primeiros registros importantes da obra de Rollins são de junho de 1954, quando, em companhia de Miles Davis, Horace Silver (piano), Percy Heath (baixo) e Kenny Clarke (bateria), gravou "Oleo", "Doxy" e "Airegin". Seu concurso, ainda como *sideman*, é essencial para a *réussite* de obras-primas do *jazz* moderno, com as faixas gravadas por Thelonious Monk e pelo quinteto Clifford Brown-Max Roach, em 1956 (ver capítulos sobre Monk e Brown-Roach). Nesse ano, Rollins produz seu primeiro disco significativo como líder — *Sonny Rollins Plus 4*, na verdade uma sessão do quinteto Brown-Roach sob seu comando. Uma das faixas do álbum é "Valse Hot", composição do próprio Rollins, sobre a qual escreveu Joe Goldberg.[1]

> (...) a idéia de tocar com *swing* em 6/8 nos faz pensar no *gospel*, mas a única tentativa anterior bem-sucedida de uma valsa jazzística moderna (e na verdade se tratava de algo em 6/4) tinha sido a versão de Thelonious Monk de "Carolina Moon". A peça é inusitada, não só porque é uma valsa, mas porque a própria melodia, em contraste com a maioria dos *jazz originals*, é leve, aérea e charmosa. ["Valse Hot"] Iniciou uma espécie de mania por valsas jazzísticas, e serviu como aviso de que Rollins não iria permanecer na categoria *hard bop* em que havia sido colocado. Ele tinha outras coisas em mente (....).

Essas "outras coisas" que estavam na cabeça de Rollins começaram a jorrar nos álbuns *Tenor Madness* e *Saxophone Colossus*, produzidos pela

1 Joe Goldberg, *op. cit.*, p. 95.

Prestige, ambos ainda em 1956. A faixa-título do primeiro álbum é um confronto histórico entre Rollins e o emergente John Coltrane, com o apoio da seção rítmica do quinteto de Miles Davis da época: Philly Joe Jones (bateria), Paul Chambers (baixo) e Red Garland (piano). Mas é em *Saxophone Colossus*, sobretudo em "Blue 7" e "Moritat", que Rollins, em companhia de Max Roach, Doug Watkins (baixo) e Tomy Flanagan (piano), demonstra o alto grau de tensão rítmico-melódica que era capaz de criar, abrindo novos caminhos para a arte de improvisar explorando a própria substância da matéria melódica.

A propósito de *Saxophone Colossus*, Len Lyons[2] chama a atenção para outro aspecto da obra do saxofonista: o romântico.

> *Colossus* revela que Rollins, ao contrário da maioria *dos hard boppers*, é tão excitante nas baladas como nos temas em tempo rápido. O *momentum* em "You Don't Know What Love Is" não surge apenas do *beat*, mas da tensão criada pela antecipação ou retardamento, por trás das harmonias sublinhadas. Embora isso seja igualmente verdadeiro nas peças mais rápidas, é mais evidente num tempo mais lento. A faixa revela ainda o calor e a sensualidade que caracterizam a entonação de Rollins nos seus momentos românticos.

Em 1957, Sonny Rollins atingiu o ápice de sua vigorosa criatividade, conforme documentam os álbuns *Way Out West* (março), *Newk's Time* (setembro) e as faixas gravadas em dezembro, no Village Vanguard. As qualidades de sua improvisação temática são mais expostas ainda nas faixas de *Way Out West* e do Village, oportunidades em que se fez acompanhar apenas de bateria e baixo (Shelly Manne e Ray Brown na primeira, Elvin Jones e Wilbur Ware na segunda). A ausência do piano sublinhou seus angulosos e contrastantes desenhos rítmico-melódicos, em obras-primas de interpretação como "Wagon Wheels" (*Way Out West*), "Woodyn' You", "Night in Tunisia" e "Four" (*More from the Vanguard*). As *performances* registradas em *Newk's Time*, sobretudo "Tune Up", "Asiatic Raes" e "Blues for Philly Joe", são monumentais. O suporte extremamente móvel de Wynton Kelly (piano), dinâmico de Philly Joe Jones e seguro de Doug Watkins (baixo) é perfeito para a série mais impressionante de *choruses* produzida por Rollins na década de 50, no melhor momento de sua carreira.

Em 1959, aos 30 anos, Sonny Rollins retirou-se dos clubes e estúdios para um exílio voluntário, durante o qual declarou ter reexaminado sua vida, estudado e praticado. Seu retorno à cena, no fim de 1961, teve lugar na Jazz Gallery, e foi um acontecimento em Nova York. Contratado pela RCA Victor, gravou em 1962 o álbum *The Bridge*, cujo título (também de uma das faixas) se refere à Ponte Williamsburg, local deserto escolhido pelo saxofonista para praticar durante os dois anos de retiro.

Em 1962, Ornette Coleman já havia gravado o revolucionário álbum *Free Jazz;* John Coltrane, depois de obras como *My Favorite Things e Africa*, era a nova voz mais atraente e respeitada do sax tenor.

Aparentemente indiferente à voga do *free jazz* ou da *new thing*, Rollins retoma em *The Bridge* seu compromisso com a *mainstream* do *jazz*, diretamente derivada do *bop*, liderando um quarteto com o guitarrista Jim Hall, Bob Cranshaw (baixo) e Ben Riley (bateria). Aquele mesma facilidade de mobilização dos recursos técnicos a serviço de um expressio-

[2] Len Lyons, *op. cit.*, p. 205.

nismo musical fora de série, qualidade básica dos discos de 1956-57, lá estava. Talvez um pouco mais depurada e mais cifrada. Os pequenos motivos melódicos, fragmentados por um tempo descontínuo, desconcertante, caracterizam "The Bridge" e "John S", as duas composições (de Rollins) e as duas *performances* mais bem concebidas e realizadas do disco. O culto dos pequenos motivos melódicos, excitantemente rítmicos, pode também ser apreciado no solo de "Without A Song", cujo início lembra o "Blues for Philly Joe" do álbum *Newk's Time*. A interação Rollins-Jim Hall é excepcional, como se pode ouvir na apresentação de "Without A Song" e na troca de compassos finais em "John S".

No seu terceiro álbum para a RCA, em 1963, Sonny Rollins tem um namoro com o *free*, que não chega a dar em casamento. No entanto, *Our Man In Jazz* é um disco notável, em que o saxofonista, ao lado de dois seguidores de Ornette Coleman — Don Cherry (trompete de bolso) e Billy Higgins (bateria) — e de Bob Cranshaw, mostra ter desenvolvido seu estilo numa direção cada vez mais abstrata e espontânea. Gravado ao vivo, no Village Gate, *Our Man* contém recriações longas de dois clássicos de Rollins: "Oleo" (25 minutos) e "Doxy" (15 minutos). O concurso de Cherry, com suas frases soltas e atonais, e o clima rítmico gerado por Higgins são essenciais para o resultado final dessas *performances*.

A mais expressiva *performance* gravada de Sonny Rollins na segunda metade da década de 60, quando o *free jazz* era o *dernier cri*, foi "East Broadway Run Down", do álbum de mesmo nome. A sessão é de maio de 1966 e, mais uma vez, Rollins dispensa o piano para se cercar de Fredie Hubbard (trompete), Elvin Jones (bateria) e Jimmy Garrison (baixo). Embora Rollins, Hubbard e Garrison sejam músicos "tonais", o clima dos 20 minutos e 25 segundos da peça é absolutamente livre em termos de divisão de *choruses* e de expressão rítmico-melódica. Rollins tem campo aberto para a imprevisibilidade de seu discurso melódico e para a exploração do timbre de seu instrumento. "East Broadway Run Down" é uma completa dissecação do estilo Rollins feita pelo próprio, com a ajuda de três grandes músicos do *jazz* contemporâneo.

Nos anos 70, Sonny Rollins tornou-se curiosamente dispersivo e desigual, a julgar pela série de gravações que fez para a Milestone, com acompanhamento de piano elétrico (George Duke, George Cables) e baixo elétrico (Stanley Clarke). *Next Album, Easy Living* e *Love at First Sight* são álbuns medíocres, em que Rollins apela para a voga do *funk* ou para a tinta gasta do calipso.

Sendo, no entanto, um músico extraordinário, mesmo com *entourages* falsas e aceitando uma estética discutível, seu saxofone não perde a autoridade e o fascínio. Essas qualidades estão inteiras nas gravações da *tournée* dos três Milestone Jazzstars (Rollins, McCoy Tyner e Ron Carter) realizada em setembro e outubro de 1978, da Califórnia à Filadélfia. "The Cutting Edge" (com McCoy Tyner, Carter e o baterista Al Foster), "Continuum" (solo) e "In A Sentimental Mood" (em duo, com Tyner) são obras-primas do inconfundível estilo Rollins.

DISCOGRAFIA

*Miles Davis/Tallest Trees* – Prestige, 24012 (dois discos).
*Sonny Rollins* – Prestige, 24004 (dois discos).
*Taking Care of Business* – Prestige, 24082.
*Saxophone Colossus and More* – Prestige, 24050 (dois discos).
*Way Out West* – Contemporary, S-7530.
*Newk's Time* – Blue Note, 84001.
*More from the Vanguard* – Blue Note, BN-LA 475-H2 (dois discos).
*The Bridge* – RCA, AFL-1-0859.
*East Broadway Run Down* – Impulse, 9191.
*Milestone Jazzstars In Concert* – Milestone, M-55006 (dois discos).

(O álbum *Tallest Trees,* prensado no Brasil, contém "Oleo", "Doxy" e "Airegin", de 1954; *Sonny Rollins* e *Taking Care of Business* contêm, respectivamente, "Valse Hott" e "Tenor Madness". *Our Man in Jazz* não foi reeditado. O álbum duplo da Milestone foi lançado no Brasil.)

# Miles Davis

Miles Davis

Nasceu em Alton, Illinois, 1926. Cresceu e aprendeu a tocar trompete em East St. Louis, Missúri, onde seu pai foi exercer a profissão de dentista. Estudou na Julliard School of Music, de Nova York, onde chegou em 1945. No mesmo ano, passou a freqüentar a Rua 52, e gravou com Charlie Parker, em novembro. Em 1948, formou o noneto que, com arranjos de Gil Evans, Gerry Mulligan, John Lewis e John Carisi, marcou historicamente o nascimento do *cool jazz* (''Birth of the Cool''). Em 1955, constituiu o célebre quinteto com John Coltrane, Red Garland, Paul Chambers e Philly Joe Jones. De 1957 a 1959, o grupo teve o reforço de Julian "Cannonball" Adderley (sax alto), e Miles iniciou, paralelamente, uma colaboração mais íntima com o arranjador Gil Evans, responsável por uma série de suítes para trompete e orquestra (*Miles Ahead, Porgy and Bess, Sketches of Spain*). No início dos anos 60, o novo quinteto, com Wayne Shorter, Herbie Hancock, Tony Williams e Ron Carter, tornou-se um dos mais excitantes e criativos grupos do *jazz* moderno. No fim da década, a partir desse conjunto, Miles partiu para a fusão *jazz-rock*, contratando músicos ainda mais jovens, como Chick Corea, Dave Holland e John McLaughlin. O rompimento definitivo de Davis com a estética dos anos 50 e 60 foi o álbum *Bitches Brew*, de 1969. Em 1972, Davis sofreu um desastre de automóvel, teve outras complicações decorrentes de antigos problemas com drogas e álcool, e só reapareceu em 1981. Seus álbuns mais recentes (*The Man with the Horn, We Want Miles* e *Star People*) mostram o trompetista totalmente voltado para uma música *pop* sofisticada, em que o *jazz* é mais tempero do que essência.

Miles Davis é o músico/personalidade que melhor incorporou, ponderou e utilizou o charme e a sofisticação do *jazz* moderno. Quando começou a se projetar, ainda aluno da Julliard School of Music, ao lado de Charlie Parker, na Nova York de 1945, sabia que não podia submeter-se a comparações com a técnica esfuziante de Dizzy Gillespie. Por isso, talvez, propôs no seu trompete aéreo e ainda inseguro, mas capaz de pensamentos melódicos surpreendentes, uma concepção *cool* e requintada do *bop* que, por sua sutil negritude, desarmava os espíritos que exigiam um *jazz* comprometido apenas com os aspectos mais evidentes e *hot* de suas raízes. Nos anos recentes, feriu seus nostálgicos admiradores ao aderir, com toda a força de seu carisma, a um *funk jazz-cum-rock* pródigo em decibéis.

Não é portanto surpreendente que Miles Davis, como músico e personalidade, seja uma presença inevitável quando se fala de *jazz* a partir da década de 40. Sua obra gravada, em quase 40 anos, é notável, qualitativa e quantitativamente, desconsiderando-se o período em que esteve fora de ação, entre 1972 e 1981.

Se Miles Davis é marcante, mas sempre um coadjuvante, nas gravações dos anos 40 com Charlie Parker, e um solista insubstituível, mas cativo da escrita de Mulligan, Evans, Lewis e Carisi, no *Birth of the Cool* de 1949, ele eleva sua voz e realça sua presença na década de 50, em obras-primas de concepção e execução.

Essas primeiras obras-primas estão em três sessões gravadas para a Prestige, em 1954. Em abril, com Horace Silver (piano), Kenny Clarke (bateria), Percy Heath (baixo), J. J. Johnson (trombone) e Lucky Thompson (sax tenor), Davis registrou o esplêndido "Walkin", demonstrando que o espírito do *hard bop* não excluía polidez de linguagem. Em junho, apareceram "Doxy", "Oleo" e "Airegin" analisados no capítulo anterior sobre Sonny Rollins. Finalmente, na véspera do Natal de 1954, em companhia de Thelonious Monk, Milt Jackson (vibrafone), Percy Heath e Kenny Clarke, Davis gravou "The Man I Love", "Bemsha Swing", "Swing Spring" e "Bag's Groove". A sessão ficou histórica, e não era para menos. Em primeiro lugar, porque uma relação tensa — até pessoal — foi criada entre Miles e Monk. De um lado, o pontilhismo cheio de insinuações melódicas de Miles; de outro, a assimetria percussiva e o melodismo anguloso de Monk. Em segundo lugar, o que é paradoxal, porque os dois músicos se completavam magnificamente no culto comum do jogo entre espaços silenciosos e compassos carregados de expressividade rítmico-melódica. O vibrafone de Milt Jackson não pode ser esquecido por ter dado à sessão do Natal de 1954 um cimento sem o qual o metal de Miles não se integraria à pedra de Monk.

Joe Goldberg escreveu sobre a histórica sessão:[1]

> A música revela algumas das tensões pessoais daquele dia, mas Davis está magnífico. Em quatro temas (. . .) ele mostrou sua obra mais lírica e fluente, no trompete aberto, em anos. Nessa época, as limitações técnicas que haviam maculado seu fraseado tinham sido assimiladas num estilo que aprendeu a contê-las. A balada ("The Man I Love"), em particular, é um dos momentos

[1] Joe Goldberg, *op. cit.*, p. 72.

tecnicamente mais seguros da obra de Miles. "Bag's Groove" é quase uma declaração definitiva de sua visão do *blues*.

Mas Miles Davis atingiria a maturidade estilística em 1956, nos quatro últimos álbuns que gravou para a etiqueta Prestige (*Cookin', Relaxin', Workin'*, e *Steamin'*), e no primeiro para a Columbia (*Round About Midnight*). O quinteto que formara com John Coltrane (sax tenor), Red Garland (piano), Paul Chambers (baixo) e Philly Joe Jones (bateria), conforme atestam as faixas desses cinco álbuns, era, sem dúvida, um dos mais consistentes e criativos pequenos conjuntos que o *jazz* conhecera. A qualidade única do som de Miles no trompete (aberto ou com surdina), suas sensuais linhas melódicas, sinuosas e dramáticas nas baladas, tensas e oblíquas nos tempos rápidos, davam o clima e o tom de um quinteto em que se integravam personalidades tão diferentes como as do vigoroso Coltrane, do elegante Garland, do meticuloso Chambers e do musculoso Philly Joe Jones.

As baladas "Round About Midnight" e "Bye Bye Blackbird", do álbum *Round About Midnight*, "It Never Entered My Mind", "Four" e "Half Nelson", do álbum *Workin'*, e o "Well, You Needn't", de *Steamin'*, são obras memoráveis desse período.

O outro conjunto de obras-primas de Miles Davis é formado por três peças de longa duração, em forma aproximada de *suites*, arranjadas por Gil Evans para solista (Miles) e grande orquestra. Entre 1957 e 1959, a associação Miles Davis-Gil Evans produziu para a Columbia, pela ordem, *Miles Ahead, Porgy and Bess* e *Sketches of Spain*.

Se o *tandem* Miles-Evans já havia gerado "Boplicity" e "Moon Dreams", no estilo *cool* das históricas sessões Capitol de 1949-50, o novo encontro não foi menos excepcional. Miles já tinha amadurecido seu estilo de acariciar e desenvolver o material melódico com um sopro personalíssimo, no trompete, com ou sem surdina, e no *fluegelhorn*; e Evans tendia cada vez mais para uma escrita modal, fugindo do império da tônica e da dominante. *Miles Ahead, Porgy and Bess* e *Sketches of Spain* são grandes afrescos jazzísticos, em que Gil Evans produz um denso colorido impressionista, e Miles Davis, traços e espaços de um lirismo que André Hodeir chamou de extático, em oposição ao lirismo delirante de Charlie Parker.

Ainda em 1958, Miles gravaria um álbum com cinco faixas — *Kind of Blue* — que seria, além de obra-prima, uma espécie de molde para os demais pequenos conjuntos de *jazz* que a partir das concepções de Gil Evans e sobretudo de George Russell, começavam a se interessar pela modalidade. Com Coltrane, Chambers, o baterista Jimmy Cobb, Julian Cannonball Adderley (sax alto) e o pianista Bill Evans no lugar até então ocupado por Red Garland, Davis registrou versões notáveis de "So What", "All Blues" e "Flamenco Sketches". Num clima de tonalidade difusa, em que os centros tonais passam a ser mais importantes do que o desenvolvimento melódico por sobre os acordes de base, o discurso de Miles fica ainda mais fascinante e mágico, e John Coltrane começa a *modalizar* o seu até então convencional (embora fluente e rico em idéias melódicas) saxofone.

No início da década de 60, os jovens músicos de *jazz* ou se rendiam às vertigens do *free* — a *new thing* cujo arauto era Ornette Coleman — ou preferiam o caminho mais firme do *hard bop*, com ênfase num tratamento mais cuidadoso do material temático.

Miles Davis, que nunca perdeu o senso de oportunidade (seus críticos malévolos preferem falar em oportunismo), preferiu a segunda via, formando, em 1964, um novo quinteto com três jovens *jazzmen* excepcionais —

Herbie Hancock (piano), Tony Williams (bateria), Ron Carter (baixo) –, mais o saxofonista tenor George Coleman, logo substituído por Wayne Shorter. Todos eram músicos completos, quer como instrumentistas, quer como compositores. O novo quinteto desenvolveu – com um acento rítmico *hard bop* – a tendência climática da música de Miles, já sublinhada no álbum *Kind of Blue.*

Esse quinteto foi pródigo em obras-primas de bom gosto e de qualidade musical, pois, além de Miles sentir-se renovado pelo sangue novo de seus *partners,* encorajou-os a escrever peças que, ao mesmo tempo, projetavam a magia e o charme de seu trompete e davam ao grupo uma personalidade muito própria.

Entre 1964 e 1968, o novo quinteto gravou três álbuns marcantes – *E.S.P.* (1964), *Miles Smiles* (1966) e *Filles de Killimanjaro* (1968) – que contêm o melhor da obra de Miles Davis nesse período particularmente brilhante.

Em *E.S.P.,* a faixa-título, assinada por Wayne Shorter – que se tornaria, aos poucos, um dos mais destacados compositores do *jazz* contemporâneo –, mostra um Miles ainda mais livre, em matéria de estrutura rítmico-melódica, do que o Miles do fim dos anos 50, instigado que foi pela originalidade das composições e pela criatividade de seus *sidemen.*

*Miles Smiles* é, talvez, o disco mais excitante dessa fase, e Len Lyons[2] muito bem o apreciou:

> Em *Miles Smiles*, o novo conjunto de Davis completou sua metamorfose. Embora Miles Davis nunca tenha aprovado a liberdade iconoclasta apregoada por Ornette Coleman, Eric Dolphy ou John Coltrane, não se pode deixar de ver a crescente liberdade, em termos de estrutura, nos álbuns de 1965 a 1968. As composições passam a parecer meros gestos melódicos, como são as peças "Orbits", de Wayne Shorter, e "Circle", de Davis; são linhas que podem ser rapidamente mudadas, ou, como em "Footprints" (também de Shorter), não ter, virtualmente, movimento harmônico, oferecendo assim aos solistas um meio ambiente sem restrições à exploração.

Nesse *environment,* em que os pontos de referência são apenas aqueles centros tonais já cultivados desde *Kind of Blue,* sobressaem ainda mais a magia do trompete de Miles; as explorações melódico-harmônicas de Hancock, em que harmonias espessas contrastam com linhas melódicas rápidas e cintilantes; a polirritmia melódica de Tony Williams; o contrabaixo consistente e cerebral de Ron Carter.

*Filles de Kilimanjaro* é o último álbum do Miles pré-fusão *jazz-rock.* A faixa-título, com o som já elétrico de Herbie Hancock, e "Petits Machins", com Chick Corea no lugar de Hancock, fazem prever o futuro Miles de *Bitches Brew* e dos anos que correm: um Miles mais preocupado com os espasmos sonoros de seu trompete (amplificado, com uso de pedal) do que com as indagações melódicas dos anos 50. "Petits Machins", peça de oito minutos, é no entanto, uma obra-prima, e talvez o último *statement* representativo do Miles Davis ainda compromissado com a *mainstream* do *jazz.*

Com o lançamento do álbum duplo *Bitches Brew,* de 1969, Miles Davis dividiu radicalmente sua obra e seu público em dois blocos inconciliáveis. De um lado, os nostálgicos cultores daquele trompete etéreo e lancinante criando, nas molduras do pequeno conjunto ou da grande orques-

[2] Len Lyons, *op. cit.,* p. 266.

tra, obras-primas como o "Round About Midnight", de 1956, ou a suíte *Miles Ahead*, de 1957; de outro, os que despertaram para o *jazz*, adolescentes, no meio da década de 60, tendo conhecido a música dos Beatles antes de terem ouvido Louis Armstrong, Duke Ellington ou Benny Goodman, e que descobriram um novo roqueiro avançado.

Miles Davis, por senso de oportunidade ou por oportunismo, voltou-se decididamente para esse novo público, que nada sabia de suas ligações com Charlie Parker, nem o que era *cool jazz*, nem mesmo ouvira os discos de Miles, com John Coltrane e Red Garland, da década de 50.

*Bitches Brew* e *At the Filmore* (1970), os dois discos mais representivos dessa opção de Miles, são, basicamente, massa informe de timbres e ritmos, onde o trompetista, aqui e ali, faz ecoar (no sentido figurado e no próprio) segmentos do discurso de rara beleza que sempre foi sua marca registrada. São *happenings* sonoros concelebrados por excelentes músicos que vieram do *rock*, como John McLaughlin (guitarra) e Dave Holland (baixo), e por *jazzmen* de primeira linha que não resistiram aos apelos do *funk-rock*, como os pianistas Chick Corea, Joe Zawinul e Keith Jarrett.

Depois de mais de cinco anos afastado dos estúdios e dos palcos, por problemas sérios de saúde, Miles Davis voltou, em 1981, com o disco *The Man with Horn*, seguido de *We Want Miles* e de *Star People*, lançados com estardalhaço pela Columbia. Nesses últimos discos e nos seus concertos, Miles passou a se dedicar ainda mais aos sintetizadores, trocando o Yamaha que usava por um Oberheim OB-Xa, não abandonando seu trompete incrementado com pedal e *phase shifter*.

DISCOGRAFIA

*Tune Up* — Prestige, P-24077.
*Tallest Trees* — Prestige, P-24012 (dois discos).
*Workin' & Steamin'* — Prestige, P-24034 (dois discos).
*Miles Ahead* — Columbia, PC-8633.
*Porgy and Bess* — Columbia, PC-8085.
*Sketches of Spain* — Columbia, PC-8271.
*Kind of Blue* — Columbia, PC-8163.
*E.S.P.* — Columbia, PC-9150.
*Miles Smiles* — Columbia, PC-9401.
*Filles de Kilimanjaro* — Columbia, PC-9750.

(*Tune Up* contém a gravação de "Walkin'", de abril de 1954.
As faixas das sessões de junho e de dezembro de 1954 estão em *Tallest Trees*, prensado no Brasil, juntamente com *Workin' & Steamin'*.)

# Dave Brubeck • Paul Desmond

Dave Brubeck

Paul Desmond

DAVE BRUBECK – Nasceu em Concord, Califórnia, 1920. Estudou música desde cedo, inclusive com Darius Milhaud e Arnold Schoenberg. Interessado em aliar à disciplina da música erudita a espontaneidade do *jazz*, criou, em 1946, um octeto, depois reduzido a um trio e, finalmente, transformado num quarteto (1951), sempre tendo ao lado o sax alto Paul Desmond. O quarteto, sobretudo depois do ingresso do baterista Joe Morello, tornou-se o *combo* mais ouvido da história do *jazz* moderno, tendo merecido, em novembro de 1954, a capa da revista *Time*. O quarteto desfez-se em 1967, e o pianista passou a se dedicar mais à composição erudita, escrevendo, entre outras obras, três oratórios (*The Light in the Wilderness, Gates of Justice* e *Truth Is Fallen*). No fim dos anos 70, refez, com seus filhos Darius (teclados), Chris (baixo) e Danny (bateria), um quarteto com concessões à linguagem do *rock*.

PAUL DESMOND — Nasceu em San Francisco, Califórnia, 1924; morreu em Nova York, 1977. Tocou no octeto experimental de Brubeck, depois nas orquestras de Jack Fina e Alvino Rey. Em 1951 uniu-se ao quarteto de Brubeck, com o qual ganhou projeção, e logo era considerado um dos mais importantes saxofonistas alto dos anos 50. Deixou o quarteto em 1967, passando a tocar esporadicamente. Escreveu o livro "How Many of You Are There in the Quartet?", no qual relatou suas experiências na música. Em 1972 atuou com o conjunto de Brubeck e seus filhos, e participou de alguns concertos, como convidado, na Europa e no Canadá. Voltou a tocar com Brubeck em 1975, num cruzeiro do navio "Rotterdam", resultando em um disco de duos. Outro álbum, em 1976, para o selo Horizon, reuniu o mais conhecido dos quartetos do pianista, com Eugene Wright e Joe Morello. Culto e inteligente, apreciava a poesia, pintura e literatura, dedicando muito do seu tempo ao estudo dessas artes.

Desde o minuto em que eles começaram a tocar, aquele *feeling* e aquele *beat* estavam lá. Gosto do pianista porque ele toca como os sujeitos de que falei, em Havestraw, onde os *blues* nasceram (. . .).[1]

O pianista objeto desse comentário é Dave Brubeck. A opinião é de uma autoridade incontestável para julgar a qualidade negróide de uma interpretação jazzística: o legendário pianista *stride* Willie "The Lion" Smith. E não pode deixar de surpreender os críticos e jazzófilos que sempre alimentaram um preconceito "purista" com relação à música do pianista, compositor e líder Dave Brubeck.

O atestado dado por "The Lion" — que ouvia um "St. Louis Blues" tocado por Brubeck, sem saber de quem se tratava, num dos "Blindfold Tests" de Leonard Feather para a revista *Down Beat* — é prova cabal de que o pianista branco, que por muitos anos liderou um dos mais populares conjuntos de *jazz*, é capaz de produzir um *swing* tão autêntico quanto qualquer bom pianista de *jazz*, preto ou branco.

Brubeck, que teve formação erudita e foi aluno de Darius Milhaud, procurou, no início dos anos 50, uma *entente cordiale* entre a espontaneidade do *jazz* e os valores consagrados da música erudita. O quarteto que formou, em 1951, com o saxofonista alto Paul Desmond (além de baixo e bateria) tornou-se o mais ouvido *jazz combo* da década de 50, e mesmo dos anos 60, talvez por ser mais "fácil" do que o quinteto de Miles Davis e menos "difícil" do que o Modern Jazz Quartet, do pianista John Lewis. Como pianista, Dave Brubeck sintetizou, com técnica brilhante e *toucher* educado, a malícia dos pianistas de *jazz* e algo da eloqüência da obra de um Chopin e de um Rachmaninoff, os quais costumava citar, com a mesma tranqüilidade com que fazia referências e deferências a Art Tatum, Earl Hines, Horace Silver ou Lennie Tristano. Na verdade, Brubeck antecipou concepções mais recentes, de um *jazz* composicional, como as dos pianistas Keith Jarrett e Anthony Davis. Só que, na moldura do seu quarteto, soube dividir, com o extraordinário saxofonista Paul Desmond, o respeito e a popularidade que conheceu.

Certamente, um trio Brubeck — que chegou a existir antes da formação do quarteto — não teria alcançado a mesma projeção que teve o Dave Brubeck Quartet. Paul Desmond (1924-1977), saxofonista alto que se inspirou no som diáfano e no lirismo recatado de Lee Konitz, mas que aos poucos impôs um estilo próprio, inconfundível, está para o quarteto de Brubeck como o vibrafonista Milt Jackson está para o Modern Jazz Quartet. Num e noutro caso, são eles os responsáveis pelo fluxo ininterrupto de idéias melódicas sem as quais os dois conjuntos não teriam conseguido, como conseguiram, nos seus melhores momentos, um equilíbrio raro entre a inteligência e a emoção, entre a concepção e a expressão. Da mesma forma que Milt Jackson sempre manteve viva, no MJQ, a chama do *blues*, Paul Desmond reavivava em Brubeck o lado eminentemente jazzístico de sua personalidade, conforme atestam os expressivos diálogos que gravaram, seja em contraponto, seja trocando compassos.

1 *Down Beat*, 17 de abril de 1958, p. 39.

O primeiro quarteto Brubeck-Desmond teve na "cozinha" Norman Bates (baixo) e Joe Dodge (bateria). Suas melhores interpretações devem ser recolhidas em uma série de concertos realizados em *campi* universitários, gravados no período 1952-54. Os álbuns mais representativos dessa fase, que vai até a contratação do quarteto pela Columbia, foram lançados como *Jazz at Oberlin* e *Jazz at College of the Pacific,* ambos da Fantasy, e *Jazz Goes to the College* (o primeiro para a Columbia).

*Jazz at the College of Pacific* contém duas faixas primorosas em matéria de clareza de concepção, de inventividade melódica (Desmond) e harmônica (Brubeck): "All the Things You Are" e "For All We Know". Gravadas em dezembro de 1953, essas duas peças, juntamente com "Balcony Rock" e "Le Souk", estas do primeiro álbum para a Columbia, do ano seguinte, são momentos memoráveis do Dave Brubeck Quartet no seu período de maior informalidade e descontração.

Em 1956, o quarteto foi ritmicamente enriquecido com a entrada de Joe Morello, elegante e *melódico* baterista na linha de Shelly Manne, mas o excesso de apresentações e gravações, exigidas pelo sucesso do grupo junto ao público norte-americano jovem, levou-o a uma certa estandardização e à fama de que se esmerava em produzir um tipo de *jazz* inconseqüente para quem, no fundo, não gostava muito de *jazz.*

Dave Brubeck recuperou-se, até mesmo perante parte da crítica preconceituosa, com uma série de três álbuns — *Time Out* (1960), *Time Further Out* (1961) e *Time In Outer Space* (1962) — em que o quarteto coroava, com sucesso e com *swing*, suas experiências com compassos normalmente estranhos ao *jazz.*

Do álbum *Time Out*, "Take Five", composição de Paul Desmond em 5/4, tornou-se um clássico do *jazz* moderno, e consagrou o baterista Joe Morello; "Blue Rondo à la Turk" é uma brilhante peça de Brubeck em 9/8, em que a forma clássica do rondó salienta um dos mais belos solos *bluesy* de Desmond. (Um compacto tendo, de um lado, "Take Five" e, do outro, "Blue Rondo" foi o primeiro disco de *jazz* instrumental a vender 1 milhão de cópias). Em *Time Further Out*, Brubeck emprega compassos de 3/4, 5/4, 6/4, 7/4, 8/8, e 9/8, além do tradicional 4/4, e cria, com Desmond, duas pequenas obras-primas: "It's a Raggy Waltz" e "Bluette" — a primeira, uma valsa sincopada em forma de *blues* de 12 compassos; a segunda, uma valsa "tão tipicamente *jazz* em sua forma, quanto o tratamento é clássico em matéria de som".[2] *Time In Outer Space* é notável por uma recriação de "Some Day My Prince Will Come", assim descrita pelo próprio Brubeck:[3]

> A versão aqui apresentada tem a mesma estrutura original (1956): bateria em 4/4, baixo em 3/4, o piano e o sax alto tendo ampla liberdade para escolher um desses tempos ou utilizar qualquer outro compasso. O último *chorus* de Paul Desmond é extremamente polirrítmico, com acentuações de grupos binários, dentro de uma estrutura 4/4, com impulso básico 3/4.

Esses três discos, sobretudo as faixas aqui destacadas, são uma celebração das riquezas polirrítmicas do *jazz*, e endossam a tese de que o *jazz* é um modo de expressão musical que pode incorporar os mais diversos ele-

2 Dave Brubeck, notas de contracapa do álbum *Time Further Out,* edição original.
3 Notas de contracapa do álbum *Time in Outer Space*, edição original.

mentos musicais — rítmicos, harmônicos e melódicos — sem perder sua causa formal — o *beat.*

DISCOGRAFIA

*Jazz at the College of Pacific* — Fantasy/OJC-047.
*Brubeck on Campus* — Columbia, CG-31298.
*Dave Brubeck's All-Time Greatest Hits* — Columbia, PG-32761 (dois discos).
*Time Out* — CBS 137255.

("Balcony Rock" e "Le Souk", do antigo *Jazz Goes to College*, estão no álbum *Brubeck on Campus.* Todas as faixas citadas de *Time Out, Time Further Out* e *Time In Outer Space* estão na coleção *Greatest Hits*, com exceção de "Bluette". O disco da CBS, lançado no Brasil, ainda está nos catálogos.)

# Modern Jazz Quartet

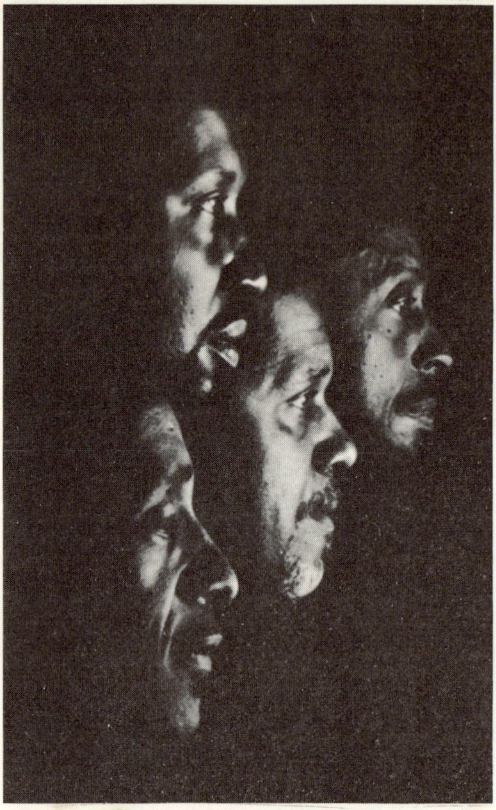

MJQ: Milt Jackson, Connie Kay, John Lewis e Percy Heath

JOHN LEWIS – Nasceu em La Grange, Illinois, 1920. Desde cedo estudou piano, e formou-se, em 1942, pela Universidade do Novo México. Foi arranjador e pianista da orquestra de Dizzy Gillespie (1946-48), tocou com Charlie Parker e Lester Young, e foi um dos principais colaboradores de Miles Davis no noneto "Birth of the Cool" (1948-49), assinando "Rouge". Constituiu no Birdland, de Nova York, em 1954, um quarteto com o qual já havia gravado, em 1952 e 1953, o Modern Jazz Quartet (MJQ), com Milt Jackson, Percy Heath (baixo) e Kenny Clarke. Em 1955, o baterista Kenny Clarke foi substituído por Connie Kay e, com essa formação, o MJQ se manteve ativo até 1974. John Lewis foi o cérebro do MJQ, que se tornou um dos mais respeitados pequenos conjuntos do *jazz* moderno, e o veículo ideal para as composições do líder ("Django", "Vendome", "Fontessa", "Concorde", entre outras). Escreveu ainda música para cinema (*Sait-on Jamais?*, *Odds Against Tomorrow*, os mais conhecidos).

MILT JACKSON – Nasceu em Detroit, Michigan, 1923. Primeiro vibrafonista *bop* de prestígio, tocou com Dizzy Gillespie (1945), Thelonious Monk (1947), Tadd Dameron (1948), voltando a se associar a Gillespie no período 1950-52. Até 1954, foi a alma do MJQ, como improvisador primoroso que é, inspirado nas raízes *bluesy* do *jazz*. Compôs, para o MJQ, "Bluesology" e "Pyramid". Fora da moldura do MJQ, participou de importantes sessões de gravação com Miles Davis ("The Man I Love" e "Bags' Groove"), Thelonious Monk ("Misterioso"), John Coltrane (álbum *Bags and Trane*). Nos anos recentes, gravou abundantemente nas *jam sessions* produzidas por Norman Granz para sua etiqueta Pablo.

Um pequeno conjunto de *jazz* que mantém, por mais de 20 anos, os mesmos nomes e o mesmo estilo, sem deixar de merecer o interesse do público e o respeito da crítica, é mais do que uma raridade. O Modern Jazz Quartet, que alguém chamou de a caixinha de música do *jazz* moderno, por sua precisão e som peculiar, foi formado pelo pianista e compositor John Lewis, em 1952, com Milt Jackson (vibrafone), Percy Heath (baixo) e Kenny Clarke (bateria). A defecção de Clarke, em 1955, e sua substituição por Connie Kay, foi a única perturbação que o quarteto sofreu até 1974, quando, num concerto solene, no Avery Fisher Hall de Nova York, deu um adeus, que depois se viu não ser definitivo, a seu imenso público.

Escreveu o compositor e musicólogo Günther Schüller,[1] admirador e sócio de John Lewis (e do MJQ) nos tempos da Third Stream Music:

> Os talentos variados dos quatro intérpretes foram mesclados num conceito único bem-definido durante anos de maturação musical e pessoal. Para os que gostam de comparações, o MJQ trouxe para o *jazz* as tradições dos grandes quartetos de cordas de nosso século. (. . .) A excelência musical do MJQ é, em grande parte, devido a um completo entendimento das características pessoais e musicais de cada um de seu membros. Através de muitos anos de trabalho conjunto, desenvolveu-se uma relação sutil e complexa que permite que cada músico seja completamente ele mesmo, ao mesmo tempo em que se adapta, instintiva e naturalmente, aos talentos (e necessidades) específicos dos outros membros do grupo.

O MJQ é o conjunto de *jazz* de câmara por excelência. Sobriedade, sutileza, bom gosto, refinamento são alguns dos substantivos que entram, obrigatoriamente, na adjetivação de qualquer análise de sua obra. John Lewis — que havia sido *sideman* de Charlie Parker, arranjador da orquestra de Dizzy Gillespie e um dos promotores do "Birth of the Cool" — quis mostrar, com seu quarteto, que o *jazz* não é apenas um *affaire* de som e ritmo, mas também um modo de expressão musical integrável a estruturas tão elegantes como a da música clássica barroca.

No MJQ, a dignidade e algo dos aspectos formais da música erudita são como uma moldura, dentro da qual a espontaneidade da criação jazzística fica por conta da arte da improvisação e da troca de idéias em que se esmeram seus componentes, Milt Jackson à frente, mesmo porque é um dos maiores improvisadores do *jazz* moderno. O próprio visual do MJQ é uma imagem perfeita de sua concepção de dar ao caráter informal da expressão jazzística um contraponto formal; à espontaneidade do *jazz*, um pouco da disciplina da música erudita: quatro músicos negros, em impecáveis *smokings,* dispostos no palco em semicírculo, como se formassem um quarteto de cordas, tocando com a compenetração de concertistas, aparentemente insensíveis às manifestações mais calorosas do público.

John Lewis, como compositor e pianista, embora cultive a sonoridade suave, produto do próprio *blend* instrumental do quarteto, não abandona as tradições mais puras do *jazz*, como a do *blues*. Milt Jackson é, basicamente, um *bluesman*, e Lewis tem um jeito todo próprio de falar o idioma, economizando notas e recusando os acordes feitos e os efeitos fáceis.

[1] Günther Schüller, notas de contracapa do álbum *Third Stream Music*. Ver discografia.

O álbum mais representativo do conjunto da obra de John Lewis e do MJQ é *European Concert*, gravado ao vivo, na Suécia, em 1960, época em que o quarteto atingia o topo de seu prestígio. Todas as características e qualidades acima assinaladas estão íntegras nas *performances* de obras-primas de Lewis, como "Django", "La Ronde", "Vendome", "Odds Against Tomorrow", e em "Bluesology" e "Bags' Groove", obras-primas de Milt Jackson. A arte da fuga e do contraponto está presente não só nas peças mais formais, como "Vendome" e "La Ronde", mas também no tratamento dos *blues*, sobretudo em "Bags' Groove". O dom melódico com que foi dotado John Lewis está mais do que bem representado na obra mais conhecida do pianista-compositor: "Django".

Se o álbum *European Concert* é a antologia ideal do MJQ, "Fontessa", uma pequena suíte de pouco mais de 11 minutos, inspirada na Commedia dell'Arte, e gravada em 1956, permanece a obra-prima de concepção e artesania do MJQ.

"Essa suíte" — explica John Lewis[2] — "consiste, primeiro, em um prelúdio curto para abrir a cortina e dar o tema. A primeira peça depois do prelúdio tem o caráter do *jazz* antigo, e as partes improvisadas são do vibrafone. A peça podia, talvez, caracterizar o Arlequim. A segunda parte tem o caráter de um *jazz* menos antigo, e as partes improvisadas são do piano. A caracterização, aqui, podia ser a do Pierrô. A terceira parte reflete um *jazz* mais tardio, e desenvolve o motivo principal. As partes improvisadas são da bateria. Podia talvez caracterizar Pantalone. O prelúdio de abertura fecha a suíte. *Fontessa* é o principal motivo de três notas da suíte e é, talvez, uma caracterização da Colombina."

A explicação — tão simples e objetiva como o estilo de Lewis ao piano — não expressa, evidentemente, a beleza sublime de "Fontessa" no plano melódico; a lógica e a delicadeza do piano; as arlequinadas nada farsantes do vibrafone; a coloração farfalhante da bateria; o responsório pertinente do contrabaixo.

O álbum *Fontessa* contém, além da faixa-título, outra obra-prima de John Lewis, "Versailles", uma fascinante trama contrapontística, matizada pelos acentos *bluesy* de Milt Jackson.

No fim da década de 50, John Lewis esteve à frente do movimento destinado a promover uma conciliação entre o *jazz* e a música concertística clássica contemporânea. Esse movimento, conhecido como Third Stream Music (Música da Terceira Corrente), teve a participação de outros músicos de *jazz*, como Jimmy Giuffre, e de compositores de formação erudita, como Günther Schüller, André Hodeir e Werner Heider.

Na linha da criação de uma música dependente do solista de *jazz*, mas incorporando, num contexto ainda mais amplo que o do MJQ, elementos musicais europeus, principalmente no que diz respeito à estrutura da composição, John Lewis escreveu e gravou algumas obras importantes, entre as quais "Sketch", do álbum *Third Stream Music*, de novembro de 1960. Em "Sketch", o MJQ e o Beaux Arts String Quartet não procuram fundir-se nem igualar fraseados e sonoridades basicamente diferentes. O quarteto de cordas impõe o clima, e depois dialoga em uníssono com as individualidades do MJQ, improvisando dentro dos limites fixados por Lewis.

2 John Lewis, notas de contracapa do álbum *Fontessa*. Ver discografia.

A despedida oficial do MJQ, em novembro de 1974, acabou por ser o que John Lewis considerou o melhor de todos os concertos gravados pelo seu grupo. Nos dois discos em que a Atlantic registrou o evento histórico, estão recriações emocionantes da imortal "Django", de "Bags' Groove", de "The Cylinder", de "One Never Knows", e sobretudo uma *performance* notável de "In Memoriam", em que o quarteto sintetiza, em mais de 16 minutos de criatividade tensa e intensa, as principais características de seu estilo e da personalidade de seus membros.

"Pelo mundo afora" – escreveu Nat Hentoff[3] a propósito do álbum *The Last Concert* –, "o Modern Jazz Quartet produziu um encanto sempre renovado, através da intensidade de sua precisão, das profundas raízes *bluesy* de sua expressão, do brando *élan* de seu *swing* e do corpo da obra original que se tornou uma parte permanente do cânon do *jazz*."

O MJQ reorganizou-se em 1981 para uma *tournée* pelo Japão. O reencontro dos quatro músicos foi tão gratificante para eles próprios e para seus velhos e novos ouvintes que a "caixinha de música do *jazz* moderno" voltou a funcionar, sem nenhuma peça gasta, como atesta o álbum *Reunion at Budokan*, gravado em Budokan, Japão, em outubro de 1981. "Softly as in a Morning Sunrise", "Django", "The Cylinder", "Bags' Groove", "Odds Against Tomorrow" fluem nesse disco com as mesmas qualidades que as tornaram clássicos e obras-primas nas gravações de 1954, 1955 ou de 1960 (*European Concert*).

Mas o álbum que marca o "retorno oficial" do grupo é *Echoes* (*The MJQ 1984 – Together Again*), gravado para o Pablo, no dia 6 de março de 1984. "That Slavic Smile", "Sacha's March", "The Horn Pipe" (composições de Lewis), "Echoes" e "Connie's Blues" (de Jackson) e "The Watergate Blues" (de Heath) são as peças do disco, que mereceu as cobiçadas cinco estrelas da revista *Down Beat*, e um irretocável comentário do *reviwer* John Balleras:[4]

> O Quarteto juntou o frenesi dionisíaco do *bop* e do *post-bop* com uma postura de serenidade apolínea e, hoje, retorna como uma espécie de réplica musical da "Urna Grega" de Keats, realizada em sua visão intemporal.

DISCOGRAFIA

*European Concert* – Atlantic, SD 2-603 (dois discos).
*Fontessa* – Atlantic 1231.
*Third Stream Music* – Atlantic 1345.
*The Last Concert* – Atlantic, SD 2-909 (dois discos).
*More from The Last Concert* – Atlantic 50.017.
*Reunion at Budokan 1981* – Atlantic/Wea 28.138.

(A edição brasileira de *European Concert* está fora de catálogo, razão por que se indica a edição norte-americana. Dos demais, apenas *More from The Last Concert* foi prensado no Brasil, e contém a *performance* citada de "In Memoriam", assim como *Reunion at Budokan 1981*.)

[3] Nat Hentoff, notas de contracapa do álbum *More from The Last Concert*. Ver discografia.

[4] *Down Beat*, dezembro de 1984, p. 34.

# Lennie Tristano

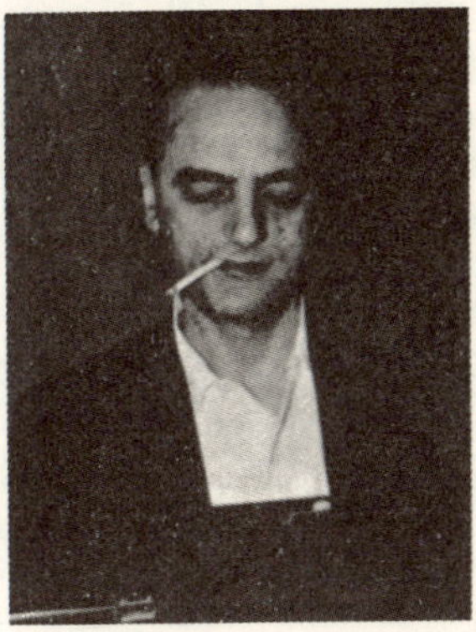

Lennie Tristano

Nasceu em Chicago, Illinois, 1919; morreu em Nova York, 1978. Cego desde os nove anos, estudou piano no American Conservatory, de Chicago. Chegou a Nova York em 1946 e passou a freqüentar a Rua 52. Suas concepções harmônicas e rítmicas avançadas para a época atraíram músicos então muito jovens, como os saxofonistas Lee Konitz e Warne Marsh que, juntamente com Billy Bauer (guitarra) e Arnold Fishkin (baixo), se tornaram seus colaboradores e alunos. Tristano e esses músicos gravaram, em 1949, as primeiras *performances* de *free jazz* ("Intuition" e "Digression"). A escola Tristano ficou praticamente limitada ao líder e a esses discípulos, que desenvolveram suas idéias musicais em clubes e gravações esparsas na década de 50, em trio, quarteto, quinteto e sexteto. Um dos mais importantes e originais pianistas do *jazz*, Tristano gravou muito pouco nos seus 10 últimos anos de vida.

Escrevia o crítico Barry Ulanov, na edição de setembro de 1949 da revista *Metronome*: "Às 8h de uma noite de sexta-feira, 13 de maio deste ano, depois de duas horas de gravações ortodoxas, cinco homens agruparam-se em torno de dois microfones e começaram a perpetuar a mais audaciosa experiência já tentada no *jazz*. Os homens eram Lennie Tristano, Billy Bauer, Arnold Fishkin, Lee Konitz e Warne Marsh. A experiência era criar uma música espontânea, hábil e intuitiva, que podia ser, ao mesmo tempo, atonal, contrapontística e improvisada sobre uma base jazzística. A Capitol [a gravadora] ficou perplexa e desorientada com o que ouvia. Duas ou quatro faixas foram apagadas do *tape*; as duas restantes, arquivadas."

Tempos depois, em 1964, Lennie Tristano relembrou assim o episódio:[1]

> Durante nossa sessão de gravação para a Capitol, em maio de 1949, aconteceram algumas coisas significativas. Depois de termos cumprido a parte convencional da sessão, gravamos duas faces [faixas], "Intuition" e "Digression". Logo que começamos a tocar, o engenheiro [de som] levantou as mãos e abandonou sua máquina. O produtor e a gerência acharam que eu era tão idiota que se recusaram a pagar pelas faixas e a editá-las. Forma livre significa tocar sem uma progressão de acordes fixa; sem um compasso definido; sem um tempo específico. Eu vinha trabalhando com meu pessoal, nesse contexto, há tantos anos que a música que fizemos não era, absolutamente, obra do acaso.
>
> Vários meses depois dessa sessão Capitol, Symphony Sid, que era um proeminente *disc jockey* naquela época, conseguiu duas cópias daquelas faixas *free*. Ele as apresentou, durante anos, três ou quatro vezes por semana, no seu programa noturno. Foi assim que a Capitol acabou por receber muitos pedidos para editá-las.
>
> Tendo em vista o fato de que, 15 anos depois, um segmento ponderável da cena jazzística se voltou para a forma livre, acho que esse incidente é muito significativo. Essas duas faixas eram completamente improvisadas, de modo espontâneo. Um bocado de gente que as ouviu, naquela época, pensava que eram composições. Pelo que sei, Miles Davis foi o único músico importante que reconheceu, na hora, a natureza daquela música.

As duas transcrições são longas, mas pertinentes quando se quer fixar o impacto revolucionário do que se acabou por chamar a "escola Tristano" na história do *jazz* moderno. Esse impacto foi muito menos sentido durante do que depois, como se pode deduzir não só das anotações de Ulanov e do desabafo do pianista, mas também do estudo de sua discografia, só ultimamente merecendo tratamento compatível com a excepcionalidade de sua obra.

Mas Tristano não pode ser considerado, apenas, o precursor do *free jazz*. Sua obra, como pianista e líder, seja tocando solo, seja no âmbito de seus trios, quartetos e quintetos, é uma das mais consistentes e originais da história do *jazz* moderno.

Cego desde os 10 anos, Tristano ouviu Bach e Bud Powell, Bartok e Thelonious Monk, mas acabou por se render à estrutura da pequena peça jazzística, na base do tema e variação improvisada, servindo-se mais de *standards* do que de suas próprias composições. Estas, em grande parte, são

[1] Notas de contracapa do álbum *Crosscurrents*. Ver discografia.

paráfrases de *standards* ("April", de "I'll Remember April"; "Lennie-Bird", de "How High the Moon"; "317 East 32 nd.", de "Out of Nowhere").

Esse gosto pela paráfrase denota uma personalidade musical voltada para a estrutura harmônica do material temático. A melodia não aparece espontaneamente, por inspiração, mas como resultado de um processo de destilação harmônica. Uma técnica soberba e uma concepção de tempo flexível, em que o *beat* é muito mais sugerido do que marcado, completam o estilo Tristano. Um estilo mais apolíneo que dionisíaco, mais cerebral que emocional.

As primeiras obras-primas da escola Tristano estão na histórica sessão de maio de 1949. Além da experiência *free* de "Intuition" e "Digression", seu quinteto — com os alunos Lee Konitz (sax alto), Warne Marsh (sax tenor), Billy Bauer (guitarra) e Arnold Fishkin (baixo) — gravou "Wow", "Crosscurrents" e "Yesterdays", de Tristano, "Marionette", de Bauer, e "Sax of a Kind", de Konitz-Marsh. Embora essas cinco peças possam ser consideradas ortodoxas em relação às duas *free*, fixavam uma estética totalmente nova, de acordo com as concepções de Tristano acima analisadas. As sonoridades totalmente desprovidas de vibrato de Konitz e Marsh, o lirismo abstrato do primeiro e o cerebralismo melódico do segundo eram tão pessoais como rigorosamente coincidentes com os cânones do líder, com sua predileção pela exposição do material temático na forma contrapontística e com sua tendência politonal.

Em 1955, Tristano gravou no seu estúdio caseiro quatro faixas em *multi-tracking*, das quais o "Requiem" para Charlie Parker, uma solene interpretação dos *blues*, com sobreposição de duas linhas de piano (portanto, a quatro mãos), se destaca por sua beleza. Em junho do mesmo ano, o *tandem* Tristano-Konitz, com o apoio rítmico de Gene Ramey (baixo) e Art Taylor (bateria), apresentou-se no Confucius Restaurant, de Nova York. Dessa apresentação, ficaram 18 registros, hoje divididos em dois álbuns duplos: cinco faixas estão em *Requiem,* lançado pela Atlantic em 1981, e as demais formam o álbum *The Lennie Tristano Quartet*, também da Atlantic, este editado em 1982.

Para Francis Davis,[2] conforme a *review* que fez deste último álbum para a revista *Down Beat,* "trata-se, provavelmente, do melhor *set* já lançado sob o nome de Tristano. É, decerto, o mais calorosamente atraente, e imagino que sua reputação seria diferente se o material tivesse sido editado em 1956."

Quando Francis Davis fala da reputação de Tristano na década de 50, está lembrando que, por ignorância e má fé, se criou a lenda de que sua música era demasiadamente fria e acadêmica. A audição desses números gravados no Confucius mostra, em definitivo, a injustiça da lenda. Tristano e Konitz, com o apoio de Ramey e Taylor, produzem um *swing* irresistível, até no tratamento de um tema terno e geralmente lento como "My Melancholy Baby". As *performances* de "Donna Lee", "S'Wonderful", "317 East 32nd." e "Lennie-Bird" são momentos inesquecíveis da tristaniana.

O outro ponto culminante da obra gravada de Lennie Tristano foi o álbum *The New Tristano*, de 1962, hoje integrando a coleção *Requiem*, acima citada. Fora o *standard* "You Don't Know What Love Is", são seis originais em que o pianista exibe, sem acompanhamento (e sem *multi-*

[2] *Down Beat,* julho de 1982, p. 35.

*trackings*), a incomparável complexidade de suas surpreendentes linhas melódicas aparentemente soltas numa textura harmônica densa que, em vez de contê-las, obrigam-nas a um constante desdobramento que poderia continuar *ad infinitum.* Isso é particularmente notável na *partita* de três seções "Scene and Variations", em "G Minor Complex" e em "C Minor Complex", sobre o qual escreveu Barry Ulanov:[3]

> "O apropriadamente denominado 'C Minor Complex' é o mais eloqüente dos solos de *jazz,* uma complexa assembléia de linhas melódicas, tempos contrastantes e *beats swingantes* partindo de uma progressão de dó menor para quase seis minutos de *feeling* concentrado, que lembra nada mais nada menos do que a *Fantasia Cromática e Fuga em Ré Menor* de Bach."

## DISCOGRAFIA

*Crosscurrents – Capitol Jazz Classics*, vol. 14, Capitol SC 13024.
*Requiem* – Atlantic, SD 2-7003 (dois discos).
*The Lennie Tristano Quartet* – Atlantic, SD 2-7006 (dois discos).
(A sessão "Intuition", de 1949, está no disco da Capitol, que foi lançado no Brasil. "Requiem" e as faixas editadas em 1962, em *The New Tristano*, estão no álbum duplo *Requiem*.)

[3] Notas de contracapa do álbum *The New Tristano*, edição original.

# Lee Konitz • Warne Marsh

Lee Konitz e Warne Marsh

LEE KONITZ – Nasceu em Chicago, Illinois, 1927. Estudou clarinete e sax tenor, antes de se decidir pelo sax alto. Tocou na orquestra de Claude Thornhill (1947-48), mas se tornou o mais conhecido dos altistas *cool* ao integrar o noneto de Miles Davis (1948-49) e ao se associar a Lennie Tristano, também na mesma época. No início dos anos 50, foi um dos principais solistas da orquestra de Stan Kenton. Músico sempre em evolução, e à vontade em qualquer companhia, além de seus discos históricos como membro da escola Tristano, gravou com Miles Davis, Chet Baker, Charlie Mingus, Martial Solal, entre outros. Em 1977, formou um noneto, com o trombonista Jimmy Knepper.

WARNE MARSH – Nasceu em Los Angeles, Califórnia, 1927. Foi um dos Hoagy Carmichael's Teenagers (1945-46) e, depois do serviço militar, tocou com Buddy Rich. Foi para Nova York em 1948, passando a ser, para o sax tenor, o que Lee Konitz foi para o sax alto, no seio da escola Tristano. Nos últimos 10 anos, voltou a se apresentar e a gravar com mais regularidade (com Lew Tabackin e Pete Christlieb, entre outros), mantendo basicamente a mesma concepção cerebral tristaniana, mas exibindo uma técnica e uma qualidade de tempo que o fazem um dos mais conceituados sax tenores contemporâneos.

Não foi por acaso que Lee Konitz participou, com menos ou mais destaque das sessões-marcos do *jazz* moderno gravadas pela Capitol, em 1949: a "Birth of the Cool", de janeiro e abril, e a do quinteto de Lennie Tristano, de maio.

Seu som *novo*, puro, polido, cristalino — ideal para exprimir seus desenhos melódicos abstratos que preferiam as alturas do registro agudo do sax alto — já havia sido reconhecido como uma alternativa atraente para o estilo abrasador de Charlie Parker. Suas concepções de tempo e harmonia ajustavam-se como uma luva aos ideais musicais do noneto de Miles Davis e do quinteto de Tristano.

A participação de Lee Konitz nesses grupos foi apreciada no capítulo anterior e no capítulo sobre o *cool jazz*. Mas Konitz, que à época tinha apenas 22 anos, não pode ser visto simplesmente como um sobrevivente do nascimento do *cool jazz*, ou como um dos dois ou três portadores vivos da mensagem de Tristano. Embora respeitando a essência dos ensinamentos de Tristano, Lee Konitz é um discípulo emancipado de sua escola, como provam os registros fonográficos de uma obra sempre em desenvolvimento que tem, ainda hoje, um brilhante curso.

As primeiras obras-primas do estilista Lee Konitz devem ser procuradas, evidentemente, na década de 50, no seio da escola Tristano — nos discos que gravou com o próprio mestre ao piano, ou naqueles em que liderou outros tristanianos, como Billy Bauer (guitarra) e Sal Mosca (piano). Do período 1950-54, as peças mais representativas — obras-primas de pureza melódica e criatividade harmônica — são "Palo Alto" e "Rebecca" (1949), "Subconscious-Lee" (1950) e "Hi Beck" (1954). "Rebecca" é um admirável dueto em contraponto com o guitarrista Billy Bauer; "Subconscious-Lee" é um *take* supremo de seu entendimento perfeito com Lennie Tristano; "Hi Beck", gravado ao vivo no Storyville de Boston, com o pianista Ronnie Ball, contém um solo inesquecível de Konitz.

Em 1955-56, o estilo de Lee Konitz mostra-se cada vez mais solto, com uma intensidade rítmica bem maior que a de seus primeiros discos. Embora o som e a característica melódica de seu discurso fossem habitualmente citados como as principais qualidades de Konitz, Allain Gerber[1] anotou, ao falar de seu estilo mais maduro, que "a melodia está em segundo plano, em relação à organização harmônica e rítmica dos valores".

Isso pode ser bem medido nas faixas registradas em 1955 no Confucius Cafe de Nova York, descritas no capítulo anterior sobre Lennie Tristano, e principalmente no esplêndido disco que Konitz gravou em 1956, com Warne Marsh, Billy Bauer, Sal Mosca, Oscar Pettiford (baixo) e Kenny Clarke (bateria), para a Atlantic. A propulsão rítmica de dois *swingers* do nível de Pettiford e Clarke ajuda, certamente, a realçar a nova dinâmica rítmica de Konitz e do ainda mais introvertido Marsh. Ambos estão particularmente inteligentes e impecáveis na intrincada trama harmônico-melódica que criam, num ritmo solto, em torno de "Topsy", "Donna Lee" e da antológica "Background Music", a paráfrase de Warne Marsh de "All of Me".

1 *Jazz Magazine*, dezembro de 1964, p. 64.

O saxofonista tenor Warne Marsh, ofuscado na década de 50 pela aura de Tristano e pelo som de Konitz, chegou a manter sua família, nos anos 60, quando voltou a viver na Califórnia, consertando aparelhos de televisão. Um dos mais *underrated* mestres do saxofone, sua presença na sessão Capitol de 1949 já era insinuante, não só no entendimento telepático com Konitz, no desenvolvimento dos temas em *fugato* e nas trocas de compassos, mas também como solista, conforme atestam suas intervenções em "Sax of a Kind" ou "Crosscurrents". Mas foi o álbum Atlantic de 1956 (sete anos depois), com Lee Konitz, que consolidou seu prestígio, pelo menos entre os músicos e os jazzófilos mais atentos. A voga do *rock* e a onda do *free jazz* na década de 60, no entanto, afastaram das gravadoras os músicos que, como Marsh, se preocupavam apenas com o aperfeiçoamento de uma linguagem melódica ascética e cerebral.

Foi preciso que Warne Marsh se encontrasse de novo com Lee Konitz para que voltasse a ser lembrado. Em 1975, numa *tournée* pela Escandinávia, os dois graduados de Lennie Tristano gravaram algumas *performances* excepcionais no Cafe Montmarte, de Copenhague, em companhia de Niels H. O. Pedersen (baixo), Ole Kock Hansen (piano) e Alex Riel ou Svend Norregard (bateria). No auge de sua maturidade, os dois saxofonistas revisitam temas tão familiares como "April", "Lennie-Bird" e "Background Music", e recriam, com muita emoção e muita inteligência, o "Poundcake" de Lester Young, de 1939, em "Blues by Lester".

Comentando a sessão, Alun Morgan[2] fala da música de Marsh como "o produto do coração e da cabeça em proporções quase iguais", e do seu completo domínio do sax tenor como um canal para essa música. E sintetiza, em poucas linhas, um dos aspectos básicos do estilo de Marsh: "(...) suas frases patinam facilmente pelo topo do pulso métrico, ignorando os pontos óbvios de acentuação e obedecendo ao *dictum* de Tristano de que um solo deve ser um enunciado melódico contínuo, e não uma seqüência de frases de oito ou quatro compassos".

A maior intensidade rítmica e densidade sonora que vinham ganhando os estilos de Konitz e de Marsh, desde 1956, crescem ainda mais a partir desse álbum de 1975.

Nos últimos anos, Konitz tem gravado e se apresentado em duo, trio ou quarteto, com músicos tão diferentes como Martial Solal (piano), Chet Baker ou Michel Petrucciani (piano). Mas sua obra mais fluente tem sido desenvolvida no contexto do noneto que formou em 1976 (além de seu sax alto, dois trompetes ou *flugelhorns*, trombone, tuba, sax barítono, piano, baixo e bateria).

*The Lee Konitz Nonet* (Chiaroscuro), álbum de setembro de 1977, é um ótimo *sample* dessa formação de Konitz, que se compraz em parafrasear gravações clássicas do *jazz*, recriando-as numa atmosfera de descontração e de grande liberdade para o solista. "Giant Steps", uma das melhores *performances* da fase de transição de John Coltrane do *hard bop* para a modalidade das *sheets of sound*, é o ponto alto do álbum. O noneto apresenta o tema, e há um enunciado quase *ipsis literis* do início do famoso solo de Coltrane pelo ágil sax barítono de Ronnie Cuber. A parte mais bela da faixa é a seqüência das passagens coltranianas em uníssono, que serve como uma longa *bridge* entre os solos e o retorno ao tema.

2 Notas de contracapa do álbum *Warne Marsh Quintet.* Ver discografia.

Quanto a Warne Marsh, da série de discos que vem gravando nos últimos anos, *Tenor Gladness* (1976) e *Apogee* (1978) são vivamente recomendados por apresentarem-no, íntegro, na plenitude do domínio de sua arte refinada, em confronto direto com dois excelentes tenoristas de som encorpado e estilo veemente: Lew Tabackin e Pete Christlieb, respectivamente. O contraste entre estilistas incisivos como Tabackin e Christlieb e o mais intelectualizado e imprevisível dos sax tenores do *jazz* moderno é altamente benéfico para Marsh. Faixas como "Basic ≠ 1" e "Basic ≠ 2", de *Tenor Gladness*, os contrapontos delirantes de "Magna-Tism" e "Donna Lee", desenvolvidos com uma lógica própria, mas surpreendente, pelo sax opaco de Marsh, em *Apogee*, são obras-primas do *jazz* no seu mais alto grau de abstração.

DISCOGRAFIA

*Lee Konitz/First Sessions, 1949/50* – Prestige, P-24081.
*Lee Konits & Warne Marsh* – Atlantic, 90050.
*Warne Marsh Quintet* – Storyville, SLP-4001.
*The Lee Konitz Nonet* – Chiaroscuro/Audio Fidelity-LP 3-10-404-040.
*Tenor Gladness* – Inner City, IC-6048.
*Apogee* – Warner Brothers, 26110.

(O álbum *First Sessions* contém "Subconscious-Lee". Os discos da Chiaroscuro e da Warner foram prensados no Brasil.)

# Stan Getz • Dexter Gordon

Stan Getz

Dexter Gordon

STAN GETZ – Nasceu em Filadélfia, Pensilvânia, 1927. Estudou fagote, antes de se dedicar exclusivamente ao sax tenor. Tocou com Jack Teagarden (1943), Stan Kenton (1944), Jimmy Dorsey (1945) e Benny Goodman, antes de ingressar, em 1947, na orquestra de Woody Herman, na seção de saxes que ficou conhecida como os Four Brothers (os outros eram Zoot Sims, Herbie Steward e Serge Chaloff). Seu solo em "Early Autumn" deu-lhe justa fama e, em 1949, formou um quarteto com o pianista Al Haig (Horace Silver, depois). Em 1951, ligou-se ao guitarrista Jimmy Raney e, em 1953, constituiu um quinteto com o trombonista Bob Brookmeyer. Fez parte, na segunda metade da década de 50, da *troupe* Jazz at The Philarmonic, vivendo na Europa de 1958 a 1961. De volta aos Estados Unidos, interessou-se pela temática da *bossa-nova*, gravando o clássico álbum *Jazz Samba*, com o guitarrista Charlie Byrd. Manteve, em seguida, um conjunto tendo como vocalista a brasileira Astrud Gilberto. Nos últimos 15 anos, em apresentações públicas e gravações, consolidou seu prestígio como um dos maiores estilistas do sax tenor da história do *jazz*, dono de um som inconfundível, que lhe valeu o apelido de "The Sound".

DEXTER GORDON — Nasceu em Los Angeles, Califórnia, 1923. Tocou com Lionel Hampton (1940-43) e Louis Armstrong (1944), antes de se ligar aos *boppers* e se tornar o mais respeitado sax tenor do estilo, ao lado de Wardell Gray, com o qual realizou memoráveis *chases* (batalhas). Na década de 50, o sucesso do estilo "West Coast" e problemas com drogas afastaram-no de cena. No início dos anos 60, retomou a carreira interrompida, fixando-se na Europa de 1962 a 1964. Retornou brevemente aos Estados Unidos, para voltar à Europa, vivendo na Dinamarca até 1976, gravando e se apresentando nos clubes da Escandinávia e de Paris. Seu retorno definitivo aos Estados Unidos, marcado por uma série de apresentações no Village Vanguard, de Nova York, em dezembro de 1976, foi saudado como um grande acontecimento. A partir de então, tem se apresentado e gravado com regularidade, respeitado como um dos mestres do sax tenor do *jazz* moderno.

Quando, em 1948, Woody Herman gravou "Early Autumn" (ver capítulo sobre Woody Herman), estava também abrindo as portas da fama para Stan Getz, então um jovem saxofonista tenor de 21 anos. O curto, mas intensamente lírico, solo de Stan Getz – uma divagação por sobre a difusa trama orquestral escrita por Ralph Burns – foi uma espécie de declaração de princípios de toda uma escola de sax tenores que tinha no som e na *nonchalance* de Lester Young sua base estética.

Na mesma época, Dexter Gordon, quatro anos mais velho, dividindo seu tempo entre Los Angeles e a Rua 52 de Nova York, estabelecia sua reputação como o tenorista *bop* por excelência, combinando, numa receita própria, a energia de Coleman Hawkins, algo da sonoridade e da sutileza de Lester Young, e a estrutura harmônica parkeriana.

As obras de Getz e Gordon não têm nem o impacto nem a dimensão das obras de Sonny Rollins e John Coltrane. Mas são, talvez, as obras mais representativas, por sua categoria, das duas principais correntes do sax tenor no *jazz* moderno. Se o filtro comum é Charlie Parker, as raízes de Gordon estão no tronco Coleman Hawkins-Ben Webster; as de Getz, em Lester Young. Rollins e Coltrane são casos à parte.

Stan Getz – que ficou também conhecido como "The Sound" – sublinhou as qualidades que o destacavam já entre os Four Brothers da orquestra de Herman, numa série de gravações para a Prestige, entre junho de 1949 e abril de 1950. Sempre acompanhado de piano (Al Haig ou Tony Aless), baixo (Gene Ramey, Tommy Potter ou Percy Heath) e bateria (Stan Levey, Roy Haynes ou Don Lamond), Getz impôs nessa época seu estilo – *cool*, som límpido, um lirismo intenso nas baladas, mas nunca ausente nos temas mais vivos – e logo se revelou um dos mais inspirados e articulados improvisadores do *jazz* moderno. Dessas 12 faixas, que compõem o álbum *Stan Getz/Greatest Hits* (Prestige), são obras-primas do estilo jovem, hoje clássico, de Stan Getz: a encantadora versão de "Indian Summer"; os *choruses* impecáveis de "Crazy Chords", que contêm, de quebra, um solo primoroso de Al Haig; o tratamento da balada "What's New".

Dexter Gordon havia, em 1944, na orquestra de Billy Eckstine, iniciado com Gene Ammons a moda das "batalhas" de saxes, ou *chases*. Gordon tornou-se um campeão dessas "batalhas", ao lado de outro grande nome do sax tenor, Wardell Gray, com o qual gravou, em 1947, a memorável "The Chase", um clássico e uma obra-prima do gênero. Na década de 50, problemas de narcóticos e a preferência das gravadoras pelo estilo "West Coast" tiraram Gordon de circulação.

Mestre da balada e da improvisação melódica linear, capaz de descobrir belezas melódicas invisíveis no desenvolvimento de temas os mais banais, Stan Getz não se acomodou no porto seguro de um estilo estereotipado. Embora mantendo as qualidades essenciais da linguagem que adotou aos 20 anos, e seu sotaque característico, o som e o *drive* do saxofonista foram ganhando cada vez mais autoridade. Comentando, em 1956, o clássico álbum da Norgran *Stan Getz at the Shrine*, escreveu Nat Hentoff:[1]

[1] *Down Beat Records Review*, 1956, p. 82

Stan está fugindo cada vez mais do som tipo *Vogue-Harper's Bazaar* que o caracterizava. Seu som é ainda eloqüentemente individual, mas incorporou força e solidez suficientes para favorecer um acesso equilibrado a qualquer tipo de material.

Na mesma época em que gravou o concerto do Shrine de Los Angeles (com Bob Brookmeyer no trombone de válvula e John Williams no piano), Getz aceitou o desafio de gravar em estúdio, também para a Norgran, com estrelas da constelação *hot* do *jazz*, como Dizzy Gillespie, Lionel Hampton e um músico menos extrovertido, mas nem por isso menos *bop*, como o trombonista Jay Jay Johnson.

O "Cherokee" registrado em 1956, com Lionel Hampton, transforma-se numa incrível *chase* entre o saxofonista e o vibrafonista, num tempo ultra-rápido; o disco gravado ao vivo no Opera House de Chicago, em 1957, com J. J. Johnson, Oscar Peterson, Ray Brown, Herb Ellis (guitarra) e Connie Kay (bateria), é um dos melhores de Stan Getz, que se mostra tão à vontade num tema *bop* clássico como "Billie's Bounce" e tão excitante em "Blues in The Closet" que se esquece por momentos de sua especialidade como baladista.

Esquecido nos anos 50, mesmo porque cumpriu pena de cinco anos de detenção, Dexter Gordon ressurge em 1960, tocando e tendo um papel na versão californiana da peça *The Connection*, de Jack Gelber, e gravando um disco para a Jazzland, considerado medíocre. A partir do ano seguinte, contratado pela Blue Note, é que Dexter foi praticamente redescoberto. Os álbuns *Doin' Allright* (com Freddie Hubbard, trompete) e *Dexter Calling* (com Kenny Drew, piano; Paul Chambers, baixo; Philly Joe Jones, bateria) saíram logo em 1961. Em 1962, apareceu *Go!*, o melhor álbum dessa fase, contendo em faixas como "Love for Sale" e na balada "Where Are You" todas aquelas qualidades distintivas do estilo de Dexter Gordon, assim descritas pelo crítico Allain Gerber,[2] um de seus maiores admiradores: "apetite, *élan*, autoridade, rigor do desenvolvimento melódico e seu aspecto cantante, robustez e volume da sonoridade, consistência de cada frase, a maneira natural do fraseado, assim como o equilíbrio da composição, onde entram esses diversos elementos, sem contar o gosto pela citação popular e certa sensualidade que torna maravilhosas as baladas (. . .)".

Na década de 60, Stan Getz, ao contrário de Dexter Gordon, que reencontrava no *hard bop* o desenvolvimento natural de seu estilo, rendeu-se aos encantos da temática e da batida suave da *bossa-nova* brasileira. O hoje clássico álbum *Jazz Samba* (Verve), de fevereiro de 1962, é uma obra-prima desse tipo de fusão. Getz e o guitarrista Charlie Byrd (a outra estrela do disco) foram dos primeiros *jazzmen* a se darem conta de que a base harmônica dos temas de *bossa-nova* prestava-se docilmente à improvisação, por ser uma importação do *bop*, via pianistas como Lou Levy, Claude Williamson, Hampton Hawes e Carl Perkins, que faziam, naquela época, a delícia dos jovens músicos da Zona Sul carioca. Além disso, a batida *bossa-nova*, centrada na descontração do tempo, favorecia a decolagem de solistas descontraídos e melódicos como Getz. "O Pato" e "Desafinado", de *Jazz Samba*, são veículos perfeitos para a fluidez melódica lúcida e lírica de Stan Getz.

2 *Jazz Magazine*, março de 1970, p. 47.

Entre 1963 e 1976, Dexter Gordon passou a maior parte de sua vida na Europa, entre Copenhague e Paris, acabando por se fixar na Dinamarca. De sua discografia européia, o destaque deve ir para o registro de seu primeiro encontro com o saxofonista alto Jackie McLean, em julho de 1973, no Montmartre de Copenhague. Os dois volumes de *The Source* (Inner City) são uma revisitação do *bop*, num clima de saudável nostalgia, de muito *swing* e de intensa criatividade. Jackie McLean é um estímulo constante para Dexter, ambos propelidos pela excelente seção rítmica formada por Niels-Henning Orsted Pedersen (baixo), Kenny Drew (piano) e Alex Riel (bateria). "Half Nelson", sempre contrastado com o tema de Tadd Dameron de que é paráfrase ("Ladybird"), é uma obra-prima do estilo maduro de Dexter, assim como o parkeriano "Another Hair-Do", em que o tenorista dá vazão ao seu gosto pelas citações, intercalando *quotations* tão díspares como de "Oop-bop-Sh'bam" e "Frankie and Johnny".

Na década de 70, Stan Getz e Dexter Gordon foram contratados pela Columbia (CBS). Dos álbuns gravados por Getz para a Columbia (*Captain Marvel*, 1975; *The Best of Two Worlds*, 76; *The Peacocks*, 77; *Another World*, 78; *Children of the World*, 79), o de qualidade superior é *The Master*, só lançado em 1982. Da produção de Gordon (*Homecoming*, 1976; Sophisticated Giant, 77; *Manhattan Simphony*, 78; *Great Encounters*, 78; *Gotham City*, 80), *Homecoming* é o mais significativo.

Com *The Master*, Stan Getz atinge aquele ponto de excelência depois do qual nada mais é lícito exigir. Acolitado por Albert Dailey (piano), Glint Houston (baixo) e Billy Hart (bateria), ele como que sumariza em quatro faixas ("Summer Night", "Raven's Wood", "Lover Man" e "Invitation") todas as qualidades que dele fizeram um mestre da invenção melódica e do *swing* descontraído. Essa mestria pode ser apreciada, talvez no mesmo nível, em faixas gravadas em anos mais recentes, como as do álbum *Pure Getz* (1982), da etiqueta Concord Jazz, para a qual se mudou o saxofonista.

O retorno de Dexter Gordon a Nova York — mais precisamente, sua *rentrée* no Village Vanguard, em dezembro de 1976 — possibilitou a edição de um álbum duplo — *Homecoming* — que é, a nosso ver, o melhor flagrante do estilo maduro desse outro mestre do sax tenor. Tendo a seu lado um trompetista da grandeza de Woody Shaw, o experiente Louis Hayes (bateria), Ronnie Mathews (piano) e Stafford James (baixo), Dexter sentiu-se também estimulado pelo clima de respeito e acolhimento que se criou naquelas noites, no Vanguard. "Fenja", "Gingerbread Boy", "Round Midnight" — *o original*, o *blues*, a balada — são obras-primas do estilo Dexter por excelência, faixas que refletem, como poucas, seu som suculento, seu fraseado cantante, seu humor mordente, seu lirismo sem frivolidade.

DISCOGRAFIA

*Stan Getz/Greatest Hits* — Prestige, 7337.
*The Chase* — Spotlite, 130 (edição inglesa).
*Stan Getz at the Shrine* — Verve, MV 9501 (dois discos).
*Brazillian Mood* — Verve, 2352190.
*The Source* — Inner City, IC-2020.

*The Master* – CBS, 225078.
*Homecoming* – CBS, 225058/9 (dois discos).
*Pure Getz* – Concord Jazz, CJ-188.

(Os álbuns da Prestige e da CBS foram editados no Brasil. *Brazilian Mood,* também edição nacional, contém quatro faixas do clássico *Jazz Samba*: "Desafinado", "Bahia", "Samba de uma Nota Só" e "Samba Triste".)

# Bill Evans

Bill Evans

Nasceu em Plainfield, Nova Jersey, 1929; morreu em Nova York, 1980. Foi pianista da orquestra comercial de Herbie Fields (1950), tocou com Tony Scott (1951), e logo depois conheceu o compositor George Russell, que lhe abriu os caminhos da modalidade. Em 1958, foi chamado por Miles Davis para substituir, em seu quinteto, Red Garland. Em 1959, Evans formou seu trio com Scott La Faro (baixo) e Paul Motian (bateria). Depois do sucesso das apresentações do trio no Village Vanguard (1961), Bill Evans tornou-se um dos mais conceituados pianistas do *jazz* moderno. Com a morte súbita de La Faro, em seguida ao compromisso no Vanguard, Evans só refez o trio um ano depois, com Chuck Israels. Gravou para a Verve entre 1963 e 1969, e seu estilo ganhou em autoridade nos anos 70, sobretudo na moldura do novo trio, com Eddie Gomez (baixo) e Marty Morell (bateria).

*Toucher* impecável, técnica precisa a serviço de uma reinterpretação introspectiva densa e elegante do melhor que havia sido feito, em termos de piano jazzístico moderno, com deferências explícitas e implícitas a Bud Powell, Horace Silver e – por que não? – George Shearing. Eis, em poucas linhas, alguns aspectos básicos do estilo de Bill Evans, pianista que, se não foi propriamente um inovador, ingressou no Hall of Fame do *jazz* por suas excepcionais qualidades de intérprete.

Num período – fim dos anos 50, início dos 60 – em que, com honrosas exceções, bastava a pianistas de uma só mão tirar do teclado algo do espírito *funky* do *jazz* para despertar o interesse das gravadoras, Bill Evans apareceu com uma proposta tão lúcida e tão sincera que conquistou, sem grande esforço, a simpatia da crítica e do público. A re-harmonização de *standards* os mais comuns – os acordes dissecados e depois reorganizados em novas linhas melódicas – foi sua marca registrada.

Embora tenha gravado solo, em duo e conversando consigo mesmo em *multi-tracking* (*Conversations with Myself*, 1963), Evans realizou-se liderando seus trios. O primeiro deles (1959-61), com o notável contrabaixista Scott La Faro, morto num desastre de automóvel, aos 25 anos, e com o baterista Paul Motian, deu o tom dos demais: interação completa dos três músicos, que criam linhas melódicas e variações rítmicas interdependentes, num todo tão homogêneo que parece obra de um entendimento telepático. É claro que o piano do líder tem uma presença preponderante, mas a concepção clássica do trio jazzístico (piano *acompanhado* por baixo e bateria) é essencialmente modificada, com a colaboração inestimável de La Faro e Motian, não mais simplesmente acompanhantes, mas concriadores e concelebrantes.

As obras-primas do trio de Bill Evans em sua primeira fase estão no álbum, hoje clássico, *The Village Vanguard Sessions* (Riverside/Milestone). "Waltz for Debby" e "My Romance", gravadas nesses *sets* de junho de 1961, são exemplos típicos do estilo impressionista de Evans e da interação de seu trio.

Entre 1963 e 1969, Bill Evans gravou principalmente para a etiqueta Verve. O álbum mais famoso desse período é o já citado *Conversations with Myself*, em que o pianista se torna três, ao sobrepor dois *tracks* sobre o primeiro *tape* de oito temas. Mas são os discos em trio, com a presença do contrabaixista Eddie Gomez, que se aliou a Evans em 1966 e com ele ficou até 1975, que devem ser lembrados.

A primeira apresentação do trio no Festival de Jazz de Montreux, em junho de 1968 (com Jack DeJohnette na bateria), é, sem dúvida, um de seus grandes momentos. A reverência e o calor do público europeu devem ter tocado sensivelmente os três músicos que, sem perderem a lucidez e sem cederem à tentação dos efeitos fáceis, se mostram bem mais extrovertidos do que até então. O piano de Evans está mais inteligente e fascinante do que nunca, sobretudo em "One for Helen", "I Loves You Porgy" e "Someday My Prince Will Come".

Um ano antes, no Village Vanguard, o trio (com Philly Joe Jones na bateria) foi gravado num outro grande momento, só recentemente revelado pela Verve no álbum duplo *California Here I Come*, lançado no Brasil no final de 1983. São mais de uma dezena de *standards*, além de uma versão primorosa de "Very Early" (de Evans), que se constituem em *perfor-*

*mances* — para citar o crítico Owen Cordle[1] — "vivas, talvez exageradamente no mesmo tempo médio, mas tecnicamente polidas, calorosas e cheias da rica perspectiva de acordes que nenhum outro pianista jamais igualou".

Em 1970, Bill Evans repetiu em Montreux o sucesso de 1968, sempre com Eddie Gomez no baixo, mas com Marty Morell na bateria. O álbum *Montreux II* contém versões definitivas de "Very Early" e "Alfie", além de uma interpretação em tempo rápido, altamente complexa, de "Israel", o clássico de John Carisi. O trio Evans-Gomez-Morell, como se observa em *Montreux II* e em *The Tokyo Concert* (janeiro de 1973), é bem mais colorido e efusivo, em termos de interação rítmica, do que o primeiro trio com La Faro e Paul Motian. Por essa época, Eddie Gomez, perto dos 30 anos, atingia a plenitude da extraordinária técnica e da inventividade rítmico-melódica que o colocam entre os maiores contrabaixistas do *jazz* moderno. E não há dúvida de que o constante crescimento de Gomez em muito estimulou o lado mais *swinging* de Evans, em prejuízo do outro lado, menos expansivo.

O *Tokyo Concert* — o melhor dos últimos álbuns de Evans — permite uma boa comparação do trio de 1959-61 com o dos anos 70, cotejando-se a versão de "Gloria's Step" de 1961 com a de 1973. Não que Evans tenha deixado de ser um músico essencialmente introspectivo e um dissecador de acordes. Mas seu trio ganhou muito, em termos de variedade rítmica e de coloração tonal, e seu estilo, em termos de trama rítmico-melódica e de vitalidade.

DISCOGRAFIA

*The Village Vanguard Sessions* — Milestone 47002 (dois discos).
*Bill Evans/Montreux II* — CTI 6004.
*California Here I Come* — Verve 2610064.
*The Tokyo Concert* — Fantasy, F-9457.

(Além de *California*, o álbum da Fantasy foi lançado no Brasil. O disco Verve com o concerto de Montreux, de 1968, está fora de catálogo.)

[1] *Down Beat*, março de 1983, p. 25.

# Very Special Old Product

Ron Carter

Herbie Hancock

Freddie Hubbard

Wayne Shorter

Tony Williams

RON CARTER — Nasceu em Fernandale, Michigan, 1937. Estudou o contrabaixo clássico antes de se fixar em Nova York (1959) para tocar com os grupos de Chico Hamilton, Bill Evans e "Cannonball" Adderley (1961). Foi, de 1963 a 1968, o contrabaixista do quinteto de Miles Davis. Na década de 70, gravou intensamente para a CTI e a Milestone como líder. Em 1976, formou seu primeiro quarteto, com o pianista Kenny Barron.

HERBIE HANCOCK — Nasceu em Chicago, Illinois, 1940. Estudou piano clássico, tendo, aos 11 anos, interpretado o Concerto em ré maior de Mozart, com a Sinfônica de Chicago. De 1961 a 1963, tocou com o trompetista Donald Byrd, gravando nessa época suas primeiras sessões para a Blue Note. De 1963 a 1968, foi o pianista do quinteto de Miles Davis, mas, paralelamente, gravou como líder, até 1969, uma série de álbuns para a Blue Note, os mais famosos dos quais foram *Maiden Voyage* (1965) e *Empyrean Isles* (1964). De 1969 a 1972, liderou um sexteto com o saxofonista Bennie Maupin. A partir de 1973, Hancock rendeu-se à fusão *jazz-funk*, aos sintetizadores e à eletrônica, aparecendo poucas vezes, como no caso do quinteto V.S.O.P. e em duetos com Chick Corea, como solista de *jazz.*

FREDDIE HUBBARD — Nasceu em Indianápolis, Indiana, 1938. Tocou com os irmãos Montgomery (Wes, Monk e Buddy) em sua cidade natal, antes de se fixar em Nova York, em 1958. Seu trompete impôs-se como um dos mais respeitados do *jazz* moderno quando se tornou membro dos Jazz Messengers de Art Blakey (1961-63). Os discos que gravou para a Blue Note, sobretudo *Breaking Point* (1964), deram-lhe mais prestígio do que suas participações em sessões *free*, como os álbuns *Free Jazz*, de Ornette Coleman, e *Ascension*, de John Coltrane. A partir de 1972, preferiu os caminhos mais fáceis e mais rentáveis do *pop-jazz.*

WAYNE SHORTER — Nasceu em Newark, Nova Jersey, 1933. Estudou saxofone na Newark Arts High School, e sua primeira aparição significativa foi no conjunto de Horace Silver (1956). Tocou com Maynard Ferguson (1959), antes de ingressar nos Jazz Messengers, no qual ficou até 1964, quando foi convidado por Miles Davis para seu novo quinteto. Compositor em grande parte responsável pelo repertório do quinteto de Miles Davis dos anos 60, Shorter uniu-se ao tecladista Joe Zawinul, em 1971, formando o Weather Report, o mais bem-sucedido, em termos musicais e comerciais, de todos os grupos de fusão *jazz-rock*. Embora do primeiro escalão dos saxes tenores do *jazz* contemporâneo, dedicou-se cada vez mais ao sax soprano, no comando do qual se tornou um mestre.

TONY WILLIAMS – Nasceu em Chicago, Illinois, 1945. Baterista prodígio, chegou a Nova York com 16 anos para ser logo contratado por Jackie McLean. Em 1963, ingressou no quinteto de Miles Davis, do qual se desligou em 1968. Nos últimos 10 anos, vem dividindo seus interesses entre o *jazz* e o *rock*.

Neste capítulo, fala-se de um *combo* e de um álbum, especificamente, e não apenas de cinco músicos de primeira linha do *jazz* contemporâneo. Nos dias 16 e 18 de julho de 1977, na Universidade da Califórnia (Berkeley) e no San Diego Civic Theatre, um quinteto que se autodenominou The Quintet gravou em oito faixas uma espécie de registro *summa cum laude* da *mainstream* do *jazz* pós-*bop*. O quinteto era formado por Freddie Hubbard (trompete), Wayne Shorter (saxes tenores e soprano), Herbie Hancock (piano), Ron Carter (baixo) e Tony Williams (bateria). Na verdade, 4/5 do extraordinário quinteto de Miles Davis dos anos 60, com Hubbard assumindo o trompete ou o *flugelhorn*. O album duplo recebeu o subtítulo de *V.S.O.P.*, ou seja, as iniciais da expressão "Very Special Old Product", indicação de qualidade e nobreza inscrita nos rótulos dos *cognacs* bem-nascidos.

Os ouvintes dos dois concertos de The Quintet ficaram, como escreveu Conrad Silvert,[1] "emocionados com o carisma gerado por cinco mestres que se entreouviam profundamente, falavam entre si em níveis múltiplos e, não importando o denso conteúdo musical, transmitiam suas mensagens com admirável clareza".

A técnica e a musicalidade desses mestres do *jazz* contemporâneo, num trabalho cooperativo da maior criatividade, interpretando originais da expressividade de "Dolores" (de Shorter), "Byrdlike" (de Hubbard), "Lawra" (de Williams), "Jessica" (de Hancock), fazem de *V.S.O.P.* uma obra referencial do melhor que se produziu em *jazz* na década de 70. Acresce que, nessa época, todos esses músicos estavam mais ocupados com o sucesso fácil do *jazz-rock* do que com seu passado recente de impecáveis solistas de *jazz puro.* Hubbard estava deixando a CTI, etiqueta de apelo fácil de Creed Taylor, para fazer discos comerciais, tipo *Bundle of Joy*, para a Columbia; Hancock, rendido ao som fácil do piano elétrico e dos sintetizadores, trocara definitivamente o Steinway pela mesa de som; Ron Carter preferia os arranjos artificiais para grandes massas orquestrais de Don Sebesky (*Pastels*, 1976); Wayne Shorter era, desde 1971, o sócio de Joe Zawinul na lucrativa empresa de *jazz-rock* que é o Weather Report.

Em *The Quintet/V.S.O.P.*, todos eles retomam, em duas ocasiões memoráveis, perpetuadas em oito faixas, a *mainstream* do *jazz* contemporâneo e a arte da improvisação no seu nível mais alto. Recentemente, com Wynton Marsalis no lugar de Freddie Hubbard, o *V.S.O.P. II* vem recebendo uma inevitável acolhida por parte de um imenso público cada vez mais fatigado dos sintetizadores e saudoso do *jazz* acústico.

DISCOGRAFIA

*The Quintet/V.S.O.P.* – CBS 225007/8
(dois discos).
(Prensado no Brasil.)

[1] Notas de contracapa do álbum *The Quintet/V.S.O.P.* Ver discografia.

# Charlie Mingus

Charlie Mingus

Nasceu em Nogales, Arizona, 1922; morreu em Nova York, em 1979. Cresceu em Los Angeles, onde estudou trombone e violoncelo, antes de se dedicar ao contrabaixo. Tocou com Louis Armstrong (1941-43), Kid Ory, Lionel Hampton (1946-48). Em 1950, formou um trio com o vibrafonista Red Norvo e, em 1954, sua primeira Jazz Composer's Workshop, a partir da qual desenvolveu sua obra revolucionária, como compositor e líder, e se impôs como o maior contrabaixista do *jazz* moderno. Entre 1956 e meados da década de 60, gravou suas principais obras, tendo revelado e projetado, em diversas formações, músicos da expressão de Jackie McLean, Eric Dolphy, Mal Waldron, John Handy, Roland Kirk, Booker Erwin, George Adams, Don Pullen, Dannie Richmond, entre outros. Depois de alguns anos de recolhimento, em virtude de problemas pessoais e de saúde, Mingus reapareceu no início da década de 70, em clubes e festivais, apresentando-se e gravando até um ano antes de sua morte, causada por uma progressiva degenerescência muscular.

Na contracapa da edição original do álbum *Pithecanthropus Erectus* (Atlantic), de 1956, Charlie Mingus definia a faixa-título como "um poema jazzístico, porque descreve, musicalmente, minha concepção da contraparte moderna do primeiro homem a ficar de pé". Analisando o disco para a revista *Down Beat,*[1] naquele mesmo ano, Nat Hentoff comentava:

> ["Pithecanthropus"] divide-se em quatro movimentos, o último dos quais atinge uma intensidade lancinante, talvez incomparável na literatura jazzística. (. . .) Promete tornar-se uma das mais discutidas gravações de todos os tempos.

Hentoff sentia que "Pithecanthropus" era não só um marco na evolução da obra do contrabaixista e compositor Charlie Mingus, mas também um elo importante na cadeia evolutiva do *jazz.* Até então, Mingus era aceito como o mais criativo e original dos contrabaixistas surgidos depois de Jimmy Blanton, e liderava uma *jazz workshop* que buscava modernizar a composição jazzística, com um pé na terra já explorada por Duke Ellington e com a cabeça no clima politonal da música erudita contemporânea (cf. peças como "Minor Intrusion" e "Abstractions", do álbum *Jazzical Moods,* original Period, também da mesma época).

Com "Pithecanthropus Erectus", Mingus partia com decisão para um tipo de *jazz* basicamente expressionista, procurando, como ele próprio explicou,[2] "manter meu próprio aroma composicional nas peças e, ao mesmo tempo, permitir aos músicos mais liberdade individual em termos de criação, dentro do grupo e nos solos".

As raízes do *jazz* — o *blues,* o *gospel*, o *ragtime* — e sua estilização em 50 anos de vida, sobretudo através de Ellington e de Charlie Parker, são revolvidos e projetados por Mingus em painés personalíssimos, em que é difícil saber onde terminam os *head arrangements* e onde começa a improvisação, às vezes coletiva, de seus solistas. Em "Pithecanthropus", os saxofonistas J. R. Monterose (tenor) e Jackie McLean (alto), além do pianista Mal Waldron, já são submetidos ao tratamento de choque mingusiano, em que o compromisso com a tradição não inibe, mas, ao contrário, exacerba o gosto pela expressão cada vez mais livre do idioma jazzístico.

Os álbuns *The Clown* (Atlantic, 1957) e *Mingus Ah Um* (Columbia, 1959) consolidam as características expressionistas e o clima passional que passam a dominar a música de Mingus. "Haitian Fight Song", de *The Clown,* é uma veemente interpretação dos *blues* com o corpulento baixo de Mingus em evidência por sobre as intervenções climáticas de Jimmy Knepper (trombone) e Shafi Hadi (sax alto). De *Mingus Ah Um,* "Better Get It in Your Soul" é uma charge, carregada de humor e paixão, do fervor do *gospel*, uma obra-prima da estilização moderna da vertente *soul* do *jazz*; "Jelly Roll" é uma pequena mas preciosa vinheta do ar burlesco da música negra dos anos 20, com destaque para o sax *stomp* de Shafi Hadi; "Goodbye Pork Pie Hat", um dos mais belos temas de Mingus, é um tributo à memória e à pungência melódica de Lester Young.

1 *Down Beat Records Reviews,* 1956, p. 157.

2 Notas de contracapa do álbum *Pithecanthropus Erectus*, edição original.

Do primeiro ciclo de obras-chave de Mingus gravadas em pequenos conjuntos, com músicos já identificados com o acento expressionista de suas peças, não se podem esquecer as perpetuadas com Eric Dolphy, Ted Curson (trompete) e o fiel Dannie Richmond (bateria), no álbum de 1960, *Charles Mingus Presents Charles Mingus* (original Candid).

A partir de sua colaboração com Dolphy, Mingus acentua ainda mais sua concepção *free* do léxico do *jazz*, como se vê no diálogo entre o clarinete baixo de um e o contrabaixo de outro em "What Love", uma interpretação livre de "What Is This Thing Called Love", e em "Folk Form, No. 1", peça típica da síntese mingusiana do velho e do novo, da tradição e do presente, da realidade e do sonho.

Essa música de transfiguração expressionista da forma e da essência do *jazz*, que abre as portas para a *avant-garde* subseqüente, tem em *Mingus Mingus Mingus* e *The Black Saint and the Sinner Lady*, álbuns produzidos pela Impuse, em 1963, alguns de seus momentos mais brilhantes.

Em *Mingus Mingus Mingus*, há recriações para um conjunto maior (11 músicos) de peças já consagradas, como "Better Get It. . .", "Goodbye Pork Pie Hat" (que vira "Theme for Lester Young") e "Haitian Fight Song" (transformada em "II BS"). Os arranjos para a orquestra são mais elaborados, com referências a Duke Ellington, embora o ambiente musical seja sempre tenso e dramático, mesmo nas baladas ("Celia" e "I x Love", com foco no sax alto de Charlie Mariano). Mas o ponto culminante do álbum é "Hora Decubitus", uma vigorosa página cheia de *riffs* de Mingus que o sax alto *free* e assimétrico de Eric Dolphy torna transcendente.

*The Black Saint and the Sinner Lady* é a mais ellingtoniana e a mais arquitetada das obras de grande fôlego de Mingus. Interpretada também por 11 músicos, a suíte de seis partes vale como um grande painel da própria música de Mingus, em que coexistem o lirismo, o transe e um certo caos organizado. Os solistas, como o ellingtoniano Quentin Jackson (trombone), Charlie Mariano e Jerome Richardson (palhetas), estão perfeitamente integrados num universo musical muito próprio, onde o *jungle style*, os acentos da guitarra *flamenca* de Jay Berliner, as pontuações polirrítmicas de Dannie Richmond não se agridem, mas, ao contrário, são ordenados por Mingus segundo sua peculiar intuição criadora.

Nos 10 últimos anos de vida produtiva, Mingus voltou a liderar suas *workshops*, dando oportunidade a músicos jovens e não muito conhecidos quando por ele foram chamados. Sob sua tutela — como Jackie McLean, John Handy, Booker Erwin, Horace Parlan, Jaki Byard, nos anos 50 e 60 —, cresceram musicalmente solistas da expressão dos saxofonistas George Adams e Michael Brecker, dos pianistas Don Pullen e Bob Neloms, e dos trompetistas Jack Walrath e Randy Brecker. Estes últimos foram, com o inseparável Dannie Richmond, os colaboradores mais íntimos de Mingus nos seus últimos anos de vida, dos quais o de 1974 foi o mais profícuo. Naquele ano, a Atlantic gravou quatro álbuns que, se não são acontecimentos extraordinários numa obra praticamente já realizada, são testemunhos de um Mingus maduro, dando espaço a solistas criativos e originais, como Don Pullen e George Adams (os álbuns são *Mingus Moves, Changes One, Changes Two* e *Mingus at Carnegie Hall*).

*Three or Four Shades of Blues* (1977) e *Me, Myself An Eye* (1978) constituem uma espécie de testamento de Charlie Mingus, que se deixa reverenciar por uma plêiade de músicos, de sua *élevage* e de outras procedências.

No primeiro álbum, Mingus acopla a um sexteto básico (George Coleman e Ricky Ford, saxes; Jack Walrath, Bob Neloms e Dannie Richmond) as guitarras de Larry Coryell e Philip Catherine, além de outro baixo, o de George Mraz, para revisitar os clássicos "Better Get It in Your Soul" e "Goodbye Pork Pie Hat". No ponto alto do disco — a faixa-título "Three or Four Shades of Blues", 10 segmentos costurados pelo baixo do líder, apresentando os *blues* em climas diversos —, John Scofield substitui Catherine, e o pianista Jimmy Rowles faz uma significativa exibição. Há bastante espaço para os solistas, e ocasião para apreciar a facilidade com que as guitarras de Coryell e Scofield — íntimas dos efeitos eletrizantes do *rock* — se integram no contexto fascinante dos *blues à la* Mingus.

As duas sessões de *Mingus/Me, Myself An Eye* (19 e 23 de janeiro de 1978) são particularmente notáveis porque, em primeiro lugar, o líder não comanda sua equipe, como de hábito, dedilhando seu contrabaixo, entrevado que já estava pela doença; em segundo lugar, os arranjos não são *diretamente* seus. Não tocando, não escrevendo os arranjos, mas apenas com sua presença, suas ordens, e usando *tapes* e *sketches* ao piano, Mingus consegue criar e recriar composições suas, como se estivesse deixando para a posteridade, cercado de mais de 20 músicos, um microcosmo abreviado de seu universo.

Em "Three Worlds of Drums" — a peça de resistência do álbum, de 30 minutos de duração —, são como que amplificados os contrastes, ênfases, citações e transfigurações rítmico-melódicas que caracterizam o processo de síntese da música mingusiana. Os músicos da orquestra — Dannie Richmond, Steve Gadd (bateria), Larry Coryell, Eddie Gomez, George Coleman, os irmãos Brecker, para destacar alguns — mantêm sua identidade, e até realçam suas personalidades, entregando-se totalmente aos estímulos da música concebida e comandada por Mingus.

DISCOGRAFIA

*Passions of A Man (An Anthology)* — Atlantic, SD-3-600 (três discos).
*Mingus Ah Um* — Columbia, PC-8171.
*Charles Mingus Presents Charles Mingus* — Jazz Man, 5048.
*The Impulse Years* — Impulse, AS-9234-2 (dois discos).
*Three or Four Shades of Blues* — Atlantic, 50.010.
*Mingus/Me, Myself An Eye* — Atlantic, 50.014.

(A antologia de três discos da Atlantic contém "Pithecanthropus Erectus" e "Haitian Figth Song", respectivamente do álbum homônimo de 1956 e do original *The Clown*, de 1957. Os discos originais *Mingus Mingus Mingus* e *The Black Saint and the Sinner Lady* foram reeditados no álbum duplo da Impulse. Os dois últimos álbuns da Atlantic foram prensados no Brasil.)

# Ornette Coleman

Ornette Coleman

Nasceu em Fort Worth, Texas, 1930. Começou a tocar sax alto em orquestras de *rhythm* & *blues.* Depois de viver alguns meses em Nova Orleans, instalou-se em Los Angeles, onde foi descoberto, em 1958, por Lester Koenig, produtor dos discos Contemporary. Para essa marca gravou seus primeiros álbuns. Apresentou-se com impacto no Five Spot de Nova York, em 1959, à frente do quarteto com Don Cherry (trompete), Charlie Haden (baixo) e Billy Higgins (bateria), e gravou para a Atlantic quatro discos que o transformaram na figura seminal do *free jazz: Shape of Jazz to Come, Change of the Century, This Is Our Music* e *Free Jazz.* Após um período de sumiço (1962-64), reapareceu liderando um trio com David Izenson (baixo) e Charles Moffet (bateria), servindo-se, eventualmente, do violino e do trompete, além de seu sax alto. Com Dewey Redman (sax tenor) e seu filho Denardo (bateria), formou um novo conjunto, em 1969. Nos anos 70, direcionou sua música no sentido de um *jazz* híbrido, em que um clima e um ritmo *funk* são gerados por guitarras e baixo elétrico. Essa música está bem representada nos álbuns que gravou com seu grupo Prime Time.

Entre 1958 e 1960, o saxofonista alto Ornette Coleman detonou o *free jazz.* É irrelevante se outros músicos, naquela época, tocavam *free.* A verdade é que, ao mesmo tempo em que surpreendia os freqüentadores do Five Spot, de Nova York, em 1959, o quarteto sem piano de Ornette (Don Cherry, trompete ou *pocket trumpet*; Charlie Haden, baixo; Billy Higgins, bateria) gravava dois discos para a Contemporary (*Something Else* e *Tomorrow Is the Question,* 1959) e outros dois para a Atlantic (*The Shape of Jazz to Come*, 1959, e *Change of the Century*, 1960) que abalaram o *jazz establishment.* (Ornette havia sido gravado no Hilcrest Club, de Los Angeles, em 1958, com o seu quarteto mais o pianista Paul Bley, mas o álbum só foi editado em 1976, pela Inner City.)

*Something Else, Tomorrow Is The Question* e *The Shape of Jazz to Come* revelaram um saxofonista alto diferente, de som duro e cortante, que ousava tocar fora dos parâmetros estabelecidos por Charlie Parker, e que nada tinha a ver com o abstracionismo lírico de Lee Konitz. Era algo de novo, *something else*, um modo insólito e hipnótico de tirar música do saxofone, que deixava perplexos ouvintes e críticos naquela passagem de década. Parte respeitável da crítica chegou a tachar Ornette Coleman de um mistificador que se divertia em insultar a inteligência alheia.

Nas notas de contracapa do álbum *Change of the Century*, o músico defendia-se:

> O elemento mais importante de nossa música é, talvez, nossa concepção de improvisação grupal *free.* A idéia de improvisação coletiva, em si, não é nova; teve um papel importante nas antigas orquestras de Nova Orleans. As *big bands* do período *swing* mudaram tudo. Hoje em dia, ou se é engolido no conjunto, ou a gente fica solando, na frente do grupo, sem que os demais instrumentos façam coisa alguma, a não ser esperar calmamente que voltem a solar. Mesmo em alguns trios e quartetos que permitem um pouco de improvisação coletiva, o efeito final é o imposto, de antemão, pelo arranjador. (. . .) Quando nosso grupo toca, antes de começarmos, não temos a menor idéia do que vai ocorrer.

Ornette Coleman não radicalizava, apenas, a improvisação coletiva no pequeno conjunto de *jazz.* Seu discurso exacerbava a tendência atonal de Charlie Parker e a concepção de Sonny Rollins de dissecar a melodia, deixando em segundo plano a invenção melódica por sobre a base harmônica do tema. A rejeição do primado harmônico-melódico na improvisação jazzística, em prol do culto de uma permanente tensão rítmico-melódica, é a base do estilo de Ornette Coleman. Essa tensão rítmico-melódica não é, no entanto, fruto de uma opção puramente intelectual. É também resultante de uma postura emocional e de uma herança cultural. Ornette é, basicamente, um *blues shouter* que submete as estruturas convencionais do *jazz* ao vôo livre da invenção melódica livre e emotiva, obtendo um *blend* original entre a *modernidade* da atonalidade e a ancestralidade do *blues.*

*Change of the Century*, o mais importante de seus quatro primeiros álbuns, contém três obras-primas do estilo único e do sax alto abrasivo de Ornette Coleman: "Ramblin'", "Bird Food" e "Una Muy Bonita".

"Ramblin'" é evidentemente um *blues*, mas a linha melódica proposta por Ornette é tão solta, tão independente da estrutura tradicional do *blues*, tão fragmentariamente desenvolvida e partilhada entre seu sax e o *pocket trumpet* de Don Cherry que se torna, ao mesmo tempo, célula de tensão rítmica e ponto de referência melódico, substituindo os convencionais acordes de base. O esquema é o mesmo em "Bird Food", em que Ornette procura mostrar como Charlie Parker estaria tocando se não tivesse morrido cinco anos antes, e em "Una Muy Bonita", composição mais leve, mais relaxada e "mais bonitinha", segundo o próprio autor.[1]

De um ponto de vista histórico-descritivo, o quarteto Ornette Coleman-Don Cherry de 1959-60 seria uma versão mais moderna do quarteto Gerry Mulligan-Chet Baker do início dos anos 50. Mas, embora os dois quartetos tivessem formação quase idêntica (num o sax alto, noutro o sax barítono, mas a mesma seção rítmica sem piano) e um vezo semelhante de interação musical, o grupo de Ornette — muito mais ousado rítmica e melodicamente — foi o estopim de uma revolução cujo radicalismo era inimaginável nos tempos do *jazz* de *camera* do Gerry Mulligan Quartet.

O manifesto dessa revolução é o álbum *Free Jazz* (Atlantic, dezembro de 1960), uma improvisação coletiva de 38 minutos, cujos protagonistas são oito músicos, formando dois quartetos, sob o comando e inspiração de Ornette (além do quarteto do líder, Eric Dolphy, clarinete baixo; Freddie Hubbard, trompete; Scott La Faro, baixo; Ed Blackwell, bateria).

Na capa da edição original de *Free Jazz*, reproduz-se uma tela de Jackson Pollock, *White Light*, típica da *action painting* do mestre norte-americano. No disco, a *action playing* de Ornette, tão livre, tão colorida e tão sem precedente como a *action painting* de Pollock, é exposta com tal intensidade e convicção que os críticos mais sensíveis perceberam logo que, depois de Ornette, o *jazz* seria tão diferente de ontem como, depois de Parker, ficara tão diferente de anteontem.

Martin Williams, fascinado pela música de Ornette desde a primeira hora, escreveu:[2]

> *Free Jazz* não é uma peça na base do tema e variação, no sentido usual. As partes escritas são breves introduções para cada solista, destinadas a apresentá-lo e a lhe dar combustível musical. Os solistas não fazem "variações"; sua improvisação é a própria música — o "tema" é tudo aquilo que inventam no momento, no ato de criação.

"*Free Jazz*" — escreveu Len Lyons[3] — "é talvez o mais arrojado álbum da história do *jazz*; certamente, é o primeiro a depender, fundamentalmente, da improvisação coletiva. (. . .) A peça se realiza pela interação espontânea dos solistas. Sua coesão é espantosa, quando se leva em conta que oito músicos a estavam criando, naquele lugar, naquela hora, quase sem respirar."

Ao contrário de Charlie Mingus, que lhe abriu as portas da expressão *free*, Ornette Coleman é um músico, de certo modo, frugal. Depois do marco que foi *Free Jazz*, suas *performances* mais notáveis foram gravadas em trio, com o baterista Charles Moffet e o contrabaixista David Izenson, em 1965, no Gyllene Cirkeln de Estocolmo. Ornette não precisa mais que de um baixo e uma bateria para exprimir, jogando assimetricamente espaço e tempo, seu construtivismo melódico intensamente emocional. "Faces and Places", do volume 1 das duas sessões de Estocolmo (Blue Note), é uma obra-prima de invenção e criatividade, em nível de gênio. As contri-

1 Notas de contracapa do álbum *Change of Century*, edição original.
2 Notas de contracapa do álbum *Free Jazz*, edição original.
3 Len Lyons, *op. cit.*, p. 391.

buições de Izenson e Moffet, técnica e esteticamente capazes de acompanhar (e prever) o vôo livre do líder, são inestimáveis na construção do clima rítmico-sonoro propício à plena realização da música de Ornette.

Em janeiro e março de 1969, a Impulse gravou *Ornette at 12* e *Crisis*. O primeiro álbum apresentava o novo baterista de Ornette, seu filho Ornette Denardo, então com 12 anos, sustentando, além do pai, Dewey Redman (sax tenor) e Charlie Haden (baixo). *Crisis*, um concerto gravado na New York University, é uma exibição primorosa do mesmo quarteto, acrescido do trompete de Don Cherry. Nos dois álbuns, Ornette exibe-se também no violino, instrumento que passou a usar desde o trio de 1965, para efeitos climáticos. São discos excelentes porque, embora não tenham o impacto de novidade que tiveram *Change of the Century* e *Free Jazz*, no início dos anos 60, retratam Ornette, Cherry e Haden, três músicos básicos do *free jazz*, como mestres de uma linguagem já completamente dominada.

A partir de *Dancing in Your Head* (Horizon) e *Body Meta* (Artists House), ambos gravados em 1975, Ornette Coleman desenvolve o que chama de uma concepção harmolódica da música. Na verdade, cercando-se de dois guitarristas (Bern Nix e Charlie Ellerbee), do baixo elétrico de Jamaaladeen Tacuma e da bateria de Shannon Jackson, Ornette procura conciliar o seu modo *free* de soprar *jazz* no sax alto com o clima rítmico-harmônico do *rock*. Esse quinteto básico, que depois passou a contar com Ornette Denardo no lugar de Shannon Jackson, é a Prime Time Band, veículo de expressão da teoria harmolódica que, segundo seu autor, "é o uso físico e mental da lógica própria de alguém numa expressão de som para provocar a sensação musical de uníssono executada por uma única pessoa ou por um grupo" (*sic*).[4] Essa última fase da obra de Ornette Coleman, bem representada em *Of Human Feelings* (Antilles, 1979), é um *happening* sonoro rico em decibéis, que fez escola (James Blood Ulmer, Oliver Lake, a Decoding Society de Shannon Jackson), mas que fica na fronteira ambígua e suspeita entre o *jazz* e a música *pop* planetária.

DISCOGRAFIA

*Change of the Century* – Atlantic, 1327.
*Free Jazz* – Atlantic, 1364.
*At The Golden Circle – Vol. 1* – Blue Note, BST-84224.

(O revolucionário *Free Jazz* foi prensado no Brasil pela WEA.)

4 *Down Beat*, "Prime Time for Harmolodics", julho de 1983, p. 54.

# John Coltrane

John Coltrane

Nasceu em Hamlet, Carolina do Norte, 1926; morreu em Nova York, em 1967. Depois do serviço militar, tocou com as orquestras de *rhythm* & *blues* de King Kolax e Eddie Vinson (1947-48), ingressando, em 1949, na orquestra de Dizzy Gillespie. Fez parte dos conjuntos de Earl Bostic (1952-53) e Johnny Hodges (1953-54), antes de entrar para o quinteto de Miles Davis, onde permaneceu entre 1955 e 1960, com rápidas saídas para tocar com Thelonious Monk, no Five Spot de Nova York (1957), e com o pianista Red Garland. Em 1960, Coltrane constituiu seu célebre quarteto, com McCoy Tyner e Elvin Jones, apresentando-se nos clubes dos Estados Unidos, em concertos e festivais europeus, e gravando, até 1965, uma série de álbuns notáveis que o consagraram como a personalidade maior do *jazz* dos anos 60, ao lado de Ornette Coleman. Em 1966, transformou o seu quarteto, passando a contar com a colaboração de Pharoah Sanders, de Rashied Ali (bateria) e de sua mulher, Alice McLeod-Coltrane, no piano. Morreu de complicações hepáticas, ainda no auge de sua carreira.

Em maio de 1959, quando gravou *Giant Steps*, seu segundo álbum para a Atlantic, John Coltrane tinha 32 anos, e já era apreciado como um dos gigantes do sax tenor pós-*bop*, no nível de Sonny Rollins. Sua presença no quinteto de Miles Davis, de 1955 até então, e os discos que fizera, paralelamente, para a Prestige haviam solidificado sua reputação de mestre do saxofone, dono de um estilo em que a aùtoridade do sopro e a solidez do som realçavam a profunda beleza de seu pensamento melódico (o "Round About Midnight" de 1956, com Miles Davis, é uma obra-prima dessa fase.)

Com *Giant Steps*, primeiro grande marco de sua obra, Coltrane inicia seu mergùlho nas águas da modalidade, pondo seu sopro e seu som a serviço de uma fascinante e infatigável exploração harmônica da matéria temática, assumindo o comando de uma técnica muito pessoal que não havia ainda desabrochado totalmente nos anos do quinteto de Miles Davis.

Contendo sete composições do saxofonista, *Giant Steps* é uma espécie de *pot-pourri* das concepções que Coltrane desenvolveria até sua morte, numa impressionante *work in progress.* A faixa-título é uma escada de acordes modulados, de grande impacto harmônico-melódico, pela qual sobe e desce o sax do líder; "Naima", belíssimo tema quase debussyano (e portanto modal), é apresentado sobre o baixo *ostinato* de Paul Chambers; "Syeeda's Song Flute" parte de uma base harmônica semelhante à de "Night in Tunisia"; "Countdown" e "Spiral" são ricas em intercalações de arpejos líricos com espirais cromáticas, num tempo em mutação constante.

Sobre o fraseado que Coltrane começa a dominar, a partir de *Giant Steps*, conhecido como uma sucessão de *sheets of sound*, escreveu Zita Carno:[1]

> São frases muito longas, tocadas num tempo tão extremamente rápido que as notas deixam de ser meras notas, fundindo-se num fluxo contínuo de puro som.(. . .) Há um inacreditável impacto emocional, além de um fantástico efeito harmônico residual, constantemente tão pronunciado que, em muitas ocasiões, o piano não seria esquecido se não estivesse tocando.

Com "My Favorite Things", do álbum do mesmo nome, gravado em outubro de 1960, John Coltrane começa a levar a frase-*chorus* ao paroxismo, ajudado pela seção rítmica afinada com sua concepção, essencialmente climática, formada por Elvin Jones (bateria), Steve Davis (baixo) e McCoy Tyner (piano). Se Charlie Parker conduzia suas frases, constantemente, a um certo clímax delirante, a construção de seus *choruses* obedecia a certo rigor lógico. Coltrane, a partir de "My Favorite Things", desenvolve a frase-*chorus* de maneira puramente exploratória, sem se preocupar em concluir seu discurso. Suas frases, em contorções sucessivas, vão se espiralando por todos os registros do instrumento. O uso do sax soprano em "My Favorite Things" dá um toque ainda mais *oriental* (e, portanto, modal) ao clima de sua música.

Sobre "My Favorite Things", tal como gravado em 1960, anotou Martin Williams:[2]

1 *Jazz Review*, outubro-novembro de 1959, p. 17.

2 Martin Williams, *The Jazz Tradition.* New York: Oxford University Press, p. 230.

Neste ponto de sua carreira, Coltrane encontrou "My Favorite Things", e a peça servia a seus propósitos, quase do mesmo modo que "How High the Moon" servira a Parker e Gillespie. Tratava-se de uma canção popular que tinha, por assim dizer, a mesma espécie de coisas nas quais ele vinha trabalhando: muito pouco movimento harmônico, simplicidade folclórica, mistério quase oriental e encantamento. Simples, mas ao mesmo tempo sofisticada, a peça podia conter a prodigiosa capacidade de improvisação de Coltrane.

O aspecto encantatório da música de Coltrane sofreria um processo rapidíssimo de radicalização, como se pode verificar, um ano depois, em novembro de 1961, quando foi gravado no Village Vanguard tocando "Chasin' the Trane". O álbum *Coltrane Live at the Village Vanguard* (Impulse) continha, além de "Chasin'", uma emotiva e melancólica versão de "Spiritual", com Coltrane no sax soprano, Eric Dolphy no clarinete baixo, mais a seção rítmica Elvin Jones-McCoy Tyner-Reggie Workman (baixo).

Se "Spiritual" prenunciava a tendência religiosa da música coltraneana, que se realizaria depois, plenamente, em *A Love Supreme*, "Chasin' the Trane" era o "grito de guerra" de um músico extraordinário que, não satisfeito em dissecar, até a exaustão, a matéria temática num clima modal, passava a explorar todas as possibilidades sonoras, tímbricas e dinâmicas do saxofone.

Os 16 minutos de "Chasin' the Trane" foram mal recebidos pela maioria dos *reviewers* da época. Ira Gitler[3] considerou-os mais do que monótonos, tão tediosos como "a espera da passagem de um trem de carga de 100 carros". Pete Welding,[4] um pouco menos demolidor, viu em "Chasin'" um interesse "primariamente rítmico e emocional (. . .), parecendo mais uma peça de exorcismo musical do que qualquer outra coisa". Mas houve quem, como Nat Hentoff[5], apreciasse o solo como "particularmente fascinante pela espantosa variedade de textura que Coltrane extrai de todos os registros de seu instrumento, e pela infatigável intensidade de suas invenções".

A intensidade da invenção coltraneana atinge um de seus clímaxes em *A Love Supreme*, magnífica "Oferenda musical" gravada em dezembro de 1964, pela Impulse. Dividida em quatro partes — "Aknowledgment", "Resolution", "Pursuance" e "Psalm" —, a obra tem uma concepção temática simétrica, construída em torno de quatro notas, confrontada com o expressionismo assimétrico dos solos do sax tenor, com as colorações explosivas da bateria polirrítmica de Elvin Jones, com a obstinação do baixo de Jimmy Garrison, e com os interlúdios do piano climático de McCoy Tyner. As *sheets of sound* de Coltrane sucedem-se em espirais e cascatas cromáticas, que têm seus espasmos nas súplicas e imprecações literalmente gritadas no registro agudo do saxofone, numa referência profunda às raízes mais religiosas do *jazz*. *A Love Supreme* é a nostalgia ancestral expressa numa linguagem nova, revolucionária, por um gênio da música negra.

*A Love Supreme* é ainda notável pela realização do sonho coltraneano de estreitar os laços comuns entre o *jazz* e a música indiana clássica. Num estudo sobre Ravi Shankar, tocador de *sitar* muito admirado por Coltrane,

3 *Down Beat,* 26 de abril de 1962, p. 29.
4 *Idem.*
5 Notas de contracapa do álbum *Coltrane Live at the Village Vanguard*. Ver discografia.

Didier Malherbe e Jean Charles Blanc[6] assim explicam a composição indiana clássica:

> Partido de um *raga*, o músico entoa o *alap* (uma invocação), do qual desfia progressivamente um solo com as notas que tem direito de utilizar. Depois escolhe uma composição e pede ao percussionista para tocar este ou aquele ciclo rítmico (. . .) Após expor várias vezes o tema, o músico improvisa a partir das notas do *raga*, voltando ao fim de cada ciclo ao tema inicial ou a uma de suas variantes. Há a possibilidade de numerosos desenvolvimentos, de mudanças de ritmo, modificando-se mesmo, em certas circunstâncias, a própria constituição do *raga*. O músico acaba, muitas vezes, pelo *drut*, espécie de aceleração progressiva do tempo, conduzindo a um paroxismo que não renegaria um John Coltrane.

Len Lyons[7] considera que na base de *A Love Supreme* está "a noção indiana de que escalas e sons podem ser usados para transmitir significados emocionais específicos".

> O gongo, por exemplo, significa geralmente uma presença exaltada, o "Um", a quem Coltrane endereça sua música. A abertura em tempo livre de "Acknowledgment" e o encerramento de "Psalm" simbolizam a transição de dentro para fora do estado devocional. Os guinchos do instrumento são libertações extáticas. O chamado claro e forte no registro médio é a oferenda cheia de energia da própria música.

O tema para Coltrane, geralmente já modal em sua estrutura (melodias simples sobre *pedal tones*), funciona como uma espécie de *raga*, que é, mais ou menos, o que conhecemos por modo ou melodia-tipo. É uma espécie de *leitmotiv* rítmico-harmônico que impregna seus *choruses*. A bateria de Elvin Jones (ou a de Rashied Ali) não se limita a fornecer ritmo, ou a favorecer a formação de um clima exótico. Toca ritmos multidirecionais, vários ciclos rítmicos, impelindo o solista ao paraxismo do *drut*, e depois reconduzindo-o à paz inicial.

A versão de mais de 20 minutos de "My Favorite Things" de 1966 (álbum *Live Again at The Village Vanguard*, Impulse) é um desenvolvimento ainda mais *free* da concepção *oriental* de *jazz* de John Coltrane. Comparada com a versão de 1960, que foi um *turning point* no *jazz* de então, a reinterpretação de 1966 é muito mais complexa, intensa e emocional. Coltrane no sax soprano e Pharoah Sanders no tenor, envolvidos pela espessa nuvem percussiva, livre e polirrítmica, formada por Rashied Ali, Emanuel Rahim e Jimmy Garrison, produzem uma das obras mais hipnóticas e vitais do *jazz* contemporâneo.

Num contexto instrumental maior, *Ascension* (1965) não pode ser esquecida como uma das obras capitais de John Coltrane. Tomando como base seu quarteto, Coltrane reuniu, para criar 38 minutos de improvisação coletiva, outros sete músicos da primeira linha do *jazz* contemporâneo: Freddie Hubbard e Dewey Johnson (trompete), Pharoah Sanders e Archie Shepp (sax tenor), John Tchicai e Marion Brown (sax alto), Art Davis (baixo).

*Ascension* é semelhante a *Free Jazz*, de Ornette Coleman, mas, como a própria música de Coltrane, é bem mais dramática, torturada, extática.

[6] *Les Cahiers du Jazz*, nº 9, 1963, pp. 7-8.
[7] Len Lyons, *op. cit.*, p. 285.

Archie Shepp[8], um dos participantes da extraordinária sessão, assim falou de *Ascension*:

> [*Ascension*] busca um certo tipo de unidade; começa em um nível alto de intensidade, com os instrumentos de sopro tocando alto, os demais, baixo. Com isso, obtém-se uma qualidade como a de vozes masculinas e femininas. Ela cresce em intensidade através das passagens em solo, em metais e palhetas, até chegar à seção final, quando a seção rítmica assume o comando, e conduz tudo de volta ao nível inicial. (. . .) As passagens coletivas baseiam-se em acordes, mas esses acordes são opcionais. O que Trane fez foi relacionar ou justapor idéias tonalmente centradas e elementos atonais, ao lado de elementos melódicos. Nesses acordes descendentes, há um centro tonal definido, como um si bemol menor. Mas há diferentes estradas para esse centro.

DISCOGRAFIA

*Giant Steps* – Atlantic, AT-1311.
*My Favorite Things* – Atlantic, AT-1361.
*Live at The Village Vanguard* – MCA, 29009 (Impulse).
*A Love Supreme* – MCA, 29017 (Impulse).
*Live Again at The Village Vanguard* – MCA, 29010 (Impulse).
*Ascension* – MCA, 29020 (Impulse).

8 Notas de contracapa do álbum *Ascension*, edição original.

# Eric Dolphy

Eric Dolphy

Nasceu em Los Angeles, Califórnia, 1928; morreu em Berlim, Alemanha Ocidental, 1964. Estudou clarinete, a partir de 1937, dedicando-se depois ao sax alto, ao clarinete baixo e à flauta. Tocou no quinteto do baterista Chico Hamilton (1958) e, em 1959, ingressou na Jazz Workshop de Charlie Mingus. Fez parte do sexteto de George Russell (1961) e se apresentou, com sucesso, no Five Spot de Nova York, liderando um grupo com o trompetista Booker Little. Tocou alguns meses com John Coltrane (1961), e resolveu instalar-se na Europa, onde tocou e gravou com músicos *free* da França, Alemanha e Escandinávia. Morreu de uremia, aos 36 anos.

O nome de Eric Dolphy apareceu, com maior ou menor destaque, nos três últimos capítulos, como *sideman* de Charlie Mingus, colaborador de Ornette Coleman e eventual *partner* de John Coltrane. Morto aos 36 anos, em Berlim, Eric Dolphy não pôde deixar, em apenas cinco anos de obra gravada, um acervo musical tão vistoso como o de Mingus, tão impressionante como o de Coltrane, nem tão vivo como o de Ornette Coleman. Mas seria injusto considerar secundária uma obra que, entre 1960 e 1964, foi também vital no nascimento e crescimento do *free jazz*.

Tanto como Ornette, Dolphy deve ser responsabilizado pela liberação do fraseado jazzístico do império dos acordes de base. A concepção dos dois, em matéria de tocar *free*, era semelhante. O fraseado de Dolphy não é, no entanto, tão espontâneo e tão "aberto" como o de Ornette. É mais elaborado e mais "fechado": soturno e inquietante no clarinete baixo; cheio de efeitos vocais e lúdico no sax alto; menos revolucionário, mas nem por isso menos exuberante e imprevisível, na flauta.

Philippe Carles e Jean-Louis Comolli[1] ressaltam, no estilo de Dolphy, a característica de "desarticular a linha melódica em uma série de sons de aparência caótica, alternando as seqüências tocadas *legato* com sobressaltos inesperados nos registros extremos (grave e agudo)". E apontam no seu discurso, entre outras marcas, "pesquisa sistemática dos contrastes, impressão de um borbulhar incessante, ambigüidade do material temático (citações folclóricas integradas como colagens)".

Em 1960, os registros fundamentais da obra de Eric Dolphy estão nos álbuns *Free Jazz* (ver capítulo sobre Ornette Coleman) e *Charles Mingus Presents Charles Mingus* (ver capítulo sobre Charlie Mingus). Em *Free Jazz*, a voz mais criativa e inovadora, além da de Ornette, é do seu clarinete baixo, não só contribuindo para adensar a complexa textura sonora das passagens coletivas, mas também para enriquecer, com seus comentários surpreendentes, a trilha melódica que vai sendo traçada na *action playing*.

O estilo único, urgente e dramático de Eric Dolphy, sobretudo no sax alto e no clarinete baixo, deve ser apreciado nos discos que a Prestige gravou em 1961, no Five Spot de Nova York, e no hoje clássico *Out to Lunch* (Blue Note), de 1964. "G.W.", do álbum *Outward Bound,* o primeiro em que Dolphy aparece como líder, ao lado de Jaki Byard (piano), Roy Haynes (bateria) e George Tucker (baixo), já é uma incisiva declaração de princípios de um saxofonista alto cujo pai é Charlie Parker e cujo irmão é Ornette Coleman. Mas são os discos gravados no Five Spot, com Booker Little (1938-1961) no trompete, que revelam, em toda a sua plenitude, a personalidade musical de um dos maiores improvisadores do *jazz* contemporâneo.

Dos álbuns do Five Spot, o que foi intitulado *Memorial* é, certamente, o mais representativo. "Number Eight", tema de Dolphy, e "Booker's Waltz", de Little, cada um ocupando uma face do *long-playing*, são veículos para longas improvisações dos solistas, propelidos pela excepcional seção rítmica formada por Mal Waldron (piano), Richard Davis (baixo) e Ed

1 Philippe Carles e Jean-Louis Comolli, *Free Jazz/Black Power.* Paris: Champ Libre, 1971, p. 290.

Blackwell (bateria). Dolphy é ouvido no sax alto em "Number Eight", e no clarinete baixo em "Booker's Waltz". Nessa última peça, Booker Little mostra por que era considerado, com toda justiça, o sucessor do grande Clifford Brown, e como se preparava para dar um passo à frente de Brown, ao cultivar uma certa dissonância que a intimidade com Dolphy só tenderia a desenvolver.

*Out to Lunch*, de fevereiro de 1964, em que Dolphy se faz cercar de músicos da inteligência e da criatividade de Tony Williams (bateria), Richard Davis (baixo) e Bobby Hutcherson (vibrafone), é seu disco definitivo, com destaque para a faixa-título, em que se improvisa em torno de uma figura rítmica em 5/4.

DISCOGRAFIA

*Outward Bound* — Prestige, 7311.
*Memorial Album* — Prestige, 7334.
*Out to Lunch* — Blue Note, 84163.

(O disco Blue Note faz parte de um álbum duplo prensado no Brasil pela EMI-Odeon, completado pelo *long-playing Blue Train*, de John Coltrane.)

# Albert Ayler • Archie Shepp

Archie Shepp

ALBERT AYLER – Nasceu em Cleveland, Ohio, 1936; morreu em Nova York, 1970. Aprendeu sax alto aos 10 anos, e sua formação musical foi em orquestras de *rhythm & blues,* entre as quais a de Little Walter Jacobs (1952). Adotou o sax tenor em 1956, e começou a aparecer em Nova York em 1962. No ano seguinte, foi para a Europa, em companhia de Cecil Taylor, tendo gravado seu primeiro disco, em 1964, em Copenhague, liderando um quarteto com Don Cherry (trompete), Gary Peacock (baixo) e Sunny Murray (bateria). Em 1965, de retorno aos Estados Unidos, apresentou-se no Town Hall de Nova York, em companhia de seu irmão Donald (trompete) e outros músicos *free*. Tocou e gravou no Village Vanguard (dezembro de 1966) e no Village Theatre (fevereiro de 1967). Apareceu morto no rio Hudson.

ARCHIE SHEPP — Nasceu em Fort Lauderdale, Flórida, 1937. Transferiu-se para Filadélfia, onde aprendeu, ainda garoto, a tocar clarinete e sax alto. Já como saxofonista tenor, apresentou-se em orquestras de *rhythm & blues*. Conheceu o pianista Cecil Taylor em 1960, interessando-se logo pelo *free jazz*. Em 1963, esteve na Escandinávia em *tournée* com Don Cherry e John Tchicai (sax alto), tornando-se aos poucos um dos mais expressivos músicos do *free jazz*, sobretudo depois das gravações que fez para a Impulse, ao lado do trombonista Roswell Rudd (*Mama Too Tight*, entre outras). Nos últimos anos, dedicou-se a um trabalho de recriação das raízes e dos clássicos do *jazz*.

Albert Ayler e Archie Shepp ocupam nichos especiais na capela do *free jazz* dos anos 60 e 70. Se Ornette Coleman, John Coltrane e Eric Dolphy foram os arautos do *free*, Ayler e Shepp assimilaram a mensagem no vigor de seus 20 e poucos anos, e passaram a criar, cada um a seu modo, as obras mais influentes, depois de John Coltrane, no que diz respeito à exploração da massa sonora e dos recursos tímbricos do saxofone tenor.

Morto aos 34 anos, em 1970, Albert Ayler só mais recentemente veio a merecer, através de reedições de seus discos e edições de *tapes* inéditos, o reconhecimento que merecia. Archie Shepp, depois de impor seu estilo agressivo, cheio de imprecações e de referências à "rebelião negra" da década de 60, depurou seu discurso, com o passar dos anos, tornando-se uma das vozes mais consistentes e respeitadas do *jazz* contemporâneo.

Como o Coltrane de "Chasin' the Trane" em diante, mas de maneira ainda mais exacerbada, Shepp e Ayler passam a se servir de todos os meios a seus alcance, por mais insólitos que sejam para atingir, através da expressão individual, um objeto estético novo. Uma nova concepção de belo tem de ser assimilada, e depois degustada. O belo estabelecido sofre uma transfiguração sofrida e consciente. Da mesma forma que Picasso subverteu a linha e o volume de suas figuras, depois de ter aprendido a pintar academicamente, Ayler e Shepp desfiguram as linhas melódicas e o volume sonoro, explorando ao extremo os limites físicos de expressão de seus instrumentos.

A música de Ayler é revolucionariamente arcaica, impregnada do espírito *gospel* e do clangor das *marching bands*. A música de Shepp é de um revolucionarismo mais intelectual, e a transfiguração das raízes é feita a partir do *blues* urbano.

O fervor *gospel* inerente à música de Ayler é visível nos títulos de suas obras: "Holy Spirit", "Spiritual Unity", "Spirits Rejoice". Sua pregação no saxofone, rouca e nervosa, quase sempre no registro agudo, mas intercalada com *honks*, é de um expressionismo às vezes mais radical do que o mingusiano. Os gritos, ecos e lamentos dos *shouters*, hollers e *blues singers* são incorporados ao seu processo alucinante de expressão, e devidamente dramatizados.

"Algumas vezes — observou W. A. Baldwin[1] —, "Ayler usa um vibrato forte que tem provocado acusações de sentimentalismo grotesco: vez por outra, ele usa excessivamente esse efeito, mas, em geral, a tremenda força e a convicção de suas linhas melódicas contrabalançam o excesso, e a impressão global não é de sentimentalismo".

A música de Ayler tem aquela qualidade *naive* e refinada, ao mesmo tempo, que fez a glória, na pintura, do *douanier* Rousseau. É música de caves e catacumbas, intelectualizada demais para o público em geral, rude demais para o público habitual de salas de concerto.

As primeiras obras-primas de Albert Ayler, as mais representativas de sua revolucionária *naiveté*, foram gravadas em Copenhague, em 1964 (mesmo ano de *A Love Supreme*, de John Coltrane). Ao lado dele estavam Don Cherry (trompete), Gary Peacock (baixo) e o grande Sunny Murray

1 *Jazz Monthly*, setembro de 1967, p. 17.

(bateria). Em "Children", a exposição do tema é sentimental, quase melodramática, mas a transformação subseqüente é simplesmente fantástica, com Cherry fazendo comentários ácidos e atonais, e Murray-Peacock criando uma base rítmico-sonora tão ágil e surpreendente como os arroubos despudorados de Ayler. Para usar o *slogan* da extinta gravadora ESP, para a qual Ayler gravou, *"you never heard such sounds in your life"* ("você nunca ouviu sons como esses em sua vida"). Esses sons absolutamente originais soam, ainda hoje, únicos, não só em "Children", mas também na segunda versão de "Ghosts", e em "Vibrations", uma das mais profundas, angustiadas e doridas faixas do *free jazz.*

As *performances* de Albert Ayler no Village Vanguard, em dezembro de 1966 e fevereiro de 1967, registradas pela Impulse, são igualmente obras-primas de uma voz única em toda a história do *jazz.* "Truth Is Marching In" (com o irmão Donald, trompete; Michael Sampson, violino; Bill Folwell e Henry Grimes, baixos; Beaver Harris, bateria) é uma revisitação *free* e extravagante de Nova Orleans na época das *marching bands.* Nessa peça e em "For John Coltrane" ( com Alan Silva, baixo; Joel Friedman, violoncelo), Ayler atinge o mais alto grau de criatividade de uma arte perturbadora.

Em fevereiro e março de 1965, Archie Shepp gravou, para a Impulse, o álbum *Fire Music*, com Ted Curson (trompete), Marion Brown (sax alto), Reggie Johnson (baixo) e Joe Chambers (bateria). O tratamento insólito da melodia, que pende entre o sensual e o raivoso, entre o sussurro lírico e comentário cáustico; uma sonoridade que deforma e exacerba o sopro vibrátil estabelecido por Coleman Hawkins e Ben Webster; a irreverência revolucionária que tudo permite — eis os aspectos mais evidentes do estilo de Shepp, sobejamente exemplificados em "Hambone" e na incrível versão de "Garota de Ipanema" ("Estou também intrigado" — disse Shepp[2] — "com o fato de os brasileiros realmente entenderem o uso do acorde de sétima menor").

*Mama Too Tight*, álbum de 1967, tem na faixa-título e em "Basheer" seus pontos altos. Tendo como *partners* Tommy Turrentine (trompete), Roswell Rudd e Grachan Moncur III (trombones), Perry Robinson (clarinete), Howard Johnson (tuba), Beaver Harris (bateria) e Charlie Haden (baixo), Shepp impõe sua personalidade forte, transmitindo sua mensagem *free* em painéis musicais que não renegam as contribuições vitais de Duke Ellington e Charlie Mingus. "Afinal de contas" — dizia a respeito de *Mama Too Tight* o próprio Shepp[3] —, "as 'formas' nas quais estamos trabalhando são relativamente novas (contesto a tese de que elas são *substancialmente novas*)".

No fim da década de 70, início da atual, Archie Shepp deixou de ser o *angry young man* dos anos 60 e gravou para a etiqueta SteepleChase uma trilogia que é uma reflexão madura de um músico, no pleno domínio de seu engenho e arte, sobre a linguagem do *jazz. Goin' Home, Trouble in Mind* e *Looking at Bird* tratam, respectivamente, dos *spirituals*, dos *blues* e de Charlie Parker. São, como definiu muito bem Sam Freedman[4], a propósito de *Trouble in Mind*, "ruminações" de Shepp sobre o material esco-

2 Notas de contracapa do álbum *Fire Music*, edição original.
3 Notas de contracapa do álbum *Mama Too Tight*, edição original.
4 *Down Beat*, abril de 1982, p. 25.

lhido e sobre seu próprio estilo. O saxofonista não abandona totalmente o estilo aparentemente selvagem e semi-atonal dos anos 60, mas medita com respeito e, às vezes, ternura sobre a herança de seus antepassados e sobre a obra de Parker.

Em *Goin' Home*, Shepp interpreta nove *spirituals*, em companhia do pianista Horace Parlan, que também o apóia nos 10 *blues* antigos de *Trouble in Mind*, eleito o melhor disco de 1980 pelo referendo internacional dos críticos da revista *Down Beat*. Seis peças de Charlie Parker e duas baladas a ele intimamente ligadas ("Embraceable You" e "How Deep Is the Ocean") são a matéria básica de *Looking at Bird*, álbum em que Shepp tem a colaboração notável de Niels-Henning Orsted Pedersen (baixo). *Looking at Bird* não é apenas uma obra-prima de um mestre do saxofone, mas é também a mais sofisticada e emocionante dissecação feita por um músico da essência da obra parkeriana.

DISCOGRAFIA

*Vibrations* – Arista/Freedom, FLP-40117.
*Albert Ayler/The Village Concerts* – MCA (Impulse), 4129 (dois discos).
*Fire Music* – Impulse, A-86.
*Mama Too Tight* – Impulse, A-9134.
*Goin'Home* – SteepleChase, SCS-1079.
*Trouble In Mind* – SteepleChase, SCS-1139.
*Looking at Bird* – SteepleChase, SCS-1149.

# Cecil Taylor

Cecil Taylor

Nasceu em Long Island City, Long Island, 1933. Estudou piano clássico desde criança, antes de se interessar pelas qualidades percussivas do *jazz* e pela música de seus mestres, sobretudo Duke Ellington. Estudou composição e harmonia no New York College of Music e no New England Conservatory. No início dos anos 50, interessou-se por Charlie Parker, Bud Powell e pelo *bebop.* Formou seu primeiro conjunto em 1953, mas só começou a ser notado quando se apresentou no clube Five Spot (1956) e no Festival de Newport (1957). A partir de 1962, tocou e gravou com os principais músicos *free* norte-americanos (Albert Ayler, Roswell Rudd, Sunny Murray), e mais constantemente com o seu grupo: Jimmy Lyons (sax alto), Andrew Cyrille (bateria), Henry Grimes e Alan Silva (baixo). Nos últimos anos, tem-se dedicado mais a concertos e gravações ao piano solo.

Cecil Taylor é, talvez, o "mais difícil" dos músicos de *jazz*. Suas concepções são tão cerebrais e abstratas, sua música, tão tensa e intensa, que exigem do ouvinte, mais do que uma predisposição, uma adesão intelectual que pressupõe intimidade com as culturas afro-americana e européia. Uma intimidade não só com James P. Johnson, Duke Ellington e Thelonious Monk, mas também com Stravinsky, Bartok e John Cage.

Em 1955, portanto anos antes do impacto da *new wave* e do *free jazz*, Taylor já tocava um piano "além" de Thelonious Monk, conforme atestam as faixas gravadas pela etiqueta Transition (reeditadas pela Blue Note), com a assessoria de Buell Neidlinger (baixo) e Dennis Charles (bateria). Suas apresentações no falecido Five Spot de Nova York, em 1956, uma participação no Festival de Newport de 1957, e sua presença, ao lado de John Coltrane, em *Coltrane Time* (United Artists, 1958) chamaram a atenção da crítica para a nova e vigorosa personalidade musical que surgia.

Mas, como outros *jazzmen* de *avant-garde*, Cecil Taylor foi inicialmente mais respeitado na Europa do que nos Estados Unidos. O primeiro registro de fato significativo da música altamente complexa e constantemente atonal de Taylor foi feito em Copenhague, em 1962. Lançado pela Fantasy, *Live at the Cafe Montmartre*, com Jimmy Lyons no sax alto e Sunny Murray na bateria, mostra que o estilo de Cecil Taylor já era, então, o mais revolucionário, enigmático e sofisticado da história do piano no *jazz*: um amálgama harmonicamente denso, ritmicamente multidirecional e sonoramente percussivo do espírito do *jazz* e da substância da música "culta" contemporânea. "D Trad, That's What", que ocupa uma face do *long-playing* da Fantasy, é um dos melhores flagrantes de Cecil Taylor em ação, na primeira fase de suas obra. A bateria abrupta e descontínua de Sunny Murray e o sax alto infatigável de Lyons aquecem e enriquecem o pianismo eruptivo do líder.

Outro registro já clássico da música insólita de Taylor é o álbum *Unit Structure* (Blue Note, 1967). À frente de Jimmy Lyons, Ken McIntyre (palhetas), Henry Grimes e Alan Silva (baixos), e Andrew Cyrille (bateria), Cecil Taylor exibe, *au grand complet*, sua concepção de música dinâmica e sempre em transe.

"A paridade de vozes evidente em 'Tales'" — escreveu Len Lyons[1] a propósito de *Unit Structure* — "é desenvolvida num contexto mais ambicioso em 'Unit Structures', uma série magnífica de 'unidades sonoras' bem amarradas pelo gênio de Taylor em estruturar a música. (...) Os temas são, de vez em quando, tratados à maneira de antífonas (...)."

A música de Cecil Taylor é, cada vez mais, estruturada em unidades sonoras, seus temas — sempre percussivos — aparecendo como antífonas de um salmodiar obsessivo.

A grande questão em torno da obra de Cecil Taylor prende-se à sua classificação. Sendo mais um compositor que improvisa do que um improvisador que eventualmente compõe, ele não é um *jazzman* facilmente classificável. Se o *swing* é evidente nos seus primeiros discos, ele vai aos poucos — sobretudo em suas *performances* solo — afastando-se da noção usual do

[1] Len Lyons, *op. cit.*, p. 39.

*beat*. Seus admiradores, como Philippe Carles e Jean-Louis Comolli[2], falam de uma "nova ordem, ao mesmo tempo inquietante e inquieta", que passa a ser a proposta central da obra tayloriana.

> O *swing* está presente, na medida em que há dinamismo e flexibilidade; corresponde a um jogo de equilíbrios e desequilíbrios. A tradicional parelha tensão-distensão adquire uma dimensão nova, ela se hipertrofia: a tensão torna-se crispação, quase tétano; a distensão não é mais relaxamento agradável, mas depressão súbita — que anuncia o silêncio — ou simplesmente prelúdio de um movimento mais rápido, ainda mais brutal que os precedentes.

Cecil Taylor tem gravado abundantemente nos últimos anos. Entre seus álbuns de piano solo, *Fly, Fly, Fly, Fly, Fly* (Pausa, setembro de 1980) é exemplar, mas demasiadamente árido para o jazzófilo sem intimidade com a música "culta" contemporânea. As gravações do pianista-compositor, no contexto de sua Unit (Jimmy Lyons, Ramsey Ameen, violino; Alan Silva, baixo, violoncelo; Andrew Cyrille ou Jerome Cooper, bateria), são mais acessíveis, mesmo assim aos ouvidos acostumados com a concepção às vezes "incômoda" do *free jazz*. Dos discos mais recentes da Cecil Taylor Unit, os mais representativos parecem ser *3 Phasis* (New World) e *Live In The Black Forest* (Pausa). Raphé Malik está no trompete, e Sirone e Ronald Jackson substituem, respectivamente, Alan Silva e Cyrille, nas duas ocasiões.

Sobre *3 Phasis*, escreveu John Litweiler:[3]

> Na maior parte de sua extensão, *3 Phasis* é uma obra estruturada e fluente que levanta a questão muito moderna da composição *versus* improvisação. Ao lado dos temas obviamente preconcebidos, a música tem um senso improvisado, os músicos oferecendo e ecoando motivos, trocando papéis de líderes e acompanhadores, comentando musicalmente entre si, num desenho complexo evidente.

DISCOGRAFIA

*Live at the Cafe Montmartre* — Fantasy, 86014.
*Unit Structures* — Blue Note, BST—84237.
*Fly, Fly, Fly, Fly, Fly* — Pausa, 7108.
*3 Phasis* — New World, 303.

2 Philippe Carles e Jean-Louis Comolli, *op. cit.*, p. 311.
3 *Down Beat*, abril de 1980, p. 31.

## Art Ensemble of Chicago

AEC: Lester Bowie, Roscoe Mitchell, Malachi Favors, Joseph Jarman e Don Moye

LESTER BOWIE – Nasceu em Frederick, Maryland, 1941. Passou a infância e a juventude no Arkansas e no Missúri, onde tocou em conjuntos de *rhythm & blues.* Emigrando para Chicago, associou-se a Muhal Richard Abrams e à AACM. Em 1965, tornou-se diretor musical de sua mulher, a cantora Fontella Bass, formando logo depois o Art Ensemble of Chicago (AEC), onde se destacou como um dos mais originais trompetistas *free.*

ROSCOE MITCHELL – Nasceu em Chicago, Illinois, 1940. Saxofonista alto, mas também multiinstrumentista, cantor e percussionista, estudou em Chicago e foi um dos fundadores da AACM.

JOSEPH JARMAN – Nasceu em Pine Bluff, Arkansas, 1937. Saxofonista e percussionista, formou-se também em Chicago, integrando-se desde cedo à estética do *free* e à concepção da AACM.

MALACHI FAVORS – Nasceu em Lexington, Mississípi, 1937. Emigrou para Chicago e tocou com o pianista Andrew Hill, no fim da década de 50, antes de integrar a orquestra de Muhal Richard Abrams-Roscoe Mitchell. Viveu algum tempo na França, antes de ocupar o posto de contrabaixista da AEC.

DON MOYE – Nasceu em Rochester, Nova York, 1946. Criado em Detroit, lá se interessou pelo *free jazz*, e desenvolveu seus dotes de percussionista. Foi para a Europa em 1968 e lá, depois de alguns anos, se engajou na AEC, com a qual retornou aos Estados Unidos.

A cidade de Chicago foi sempre um importante centro de *jazz* e um pródigo celeiro de músicos. Foi lá que, na década de 20, "King" Oliver gravou os primeiros discos do estilo "Nova Orleans" puro; lá reinaram Louis Armstrong e Earl Hines, nas noites do Lincoln Gardens; Bix Beiderbecke, Franck Trumbauer e Bud Freeman deram a um estilo de *jazz* clássico o nome da cidade. Pois foi também em Chicago, na década de 60, que nasceu, cresceu e se formou uma das mais criativas e características "escolas" da *avant-garde* do *jazz*.

Em 1965, o pianista-compositor Muhal Richard Abrams, Malachi Favors, Jody Christian, Steve McCall e outros *jazzmen* jovens de Chicago criaram a Association for the Advancement of Creative Musicians (AACM), com o objetivo, entre outros, de "educar os músicos jovens e criar uma música de nível artístico elevado, que seja apresentada ao grande público por ocasião de programas destinados a enaltecer a importância da Música Criativa"[1]. O melhor conjunto de *jazz* que emergiu da AACM foi a Art Ensemble of Chicago.

Os fundadores da AEC foram os saxofonistas Joseph Jarman e Roscoe Mitchell, o trompetista Lester Bowie e o contrabaixista Malachi Favors. Logo depois, a eles se juntou o baterista Don Moye. O grupo, para usar uma apreciação sintética de Morley Jones[2], tem provado ser "inclassificável, surpreendentemente erudito, admiravelmente proficiente e, em geral, uma grande alegria auditiva".

A Art Ensemble of Chicago provou ser muito mais do que isso: após mais de 10 anos de atividade, é o mais notável dos grupos cooperativos de *free jazz*, não só pela qualidade individual de seus membros, mas também pela originalidade e sofisticação de sua proposta — uma proposta contemporânea de investigação arqueológica e antropológica da história do *jazz*.

Paródia fina com muito humor, lirismo doce, *naiveté* assumida, ritualismo percussivo, respeito às *brass bands* de Nova Orleans, cumplicidade com as mistificações de Fats Waller, referências orgulhosas às contribuições vitais de Charlie Parker e John Coltrane, culto das divagações de Miles Davis, o moço, e das declarações dos *hard boppers:* eis o magma de cinco artistas admiráveis do *jazz* contemporâneo, todos eles — Bowie, Jarman, Mitchell, Favors, Moye — percussionistas e atores completos.

"O teatro" — disse Malachi Favors[3] — "é parte integrante da cultura tradicional africana — como também da cultura chinesa".

A música da Art Ensemble of Chicago não é teatral apenas na *mise-en-scène*. Ao vivo, o grupo usa roupas africanas, chapéus exóticos e caras pintadas como máscaras. A *mise-en-scène* apenas sublinha sua meta musical maior: a dramatização do *jazz*, no estilo envolvente e comovente que tem a palavra dramatização.

Dos álbuns gravados pela AEC, a maioria na Europa, os mais representativos — obras-primas de um processo de *collage* sem precedente na história do *jazz* — são *Fanfare for The Warriors* (Atlantic, 1973) e *Nice Guys* (ECM, 1978). Em *Fanfare*, o pianista Muhal Richard Abrams dá ao

1 *Jazz Magazine*, abril de 1974, p. 20.
2 Morley Jones, *op. cit.*, p. 120.
3 *Jazz Magazine*, março de 1974, p. 16.

grupo uma contribuição relevante em termos de clima percussivo e de dissonância. O trompete de Lester Bowie em *Nice Guys* é uma palheta à disposição de um dos mais ágeis coloristas do *jazz* contemporâneo. Basta ouvi-lo em "Ja", uma apreciação *free* da linguagem de Miles Davis com tempero de calipso, ou em "Dreaming of the Master", uma criação à moda da AEC do *hard bop* do fim dos anos 50.

A variedade instrumental da AEC não é uma exibição gratuita do talento de seus componentes. Os cinco músicos usam seus instrumentos na verdadeira acepção da palavra: são meios para atingir o fim circunstancial e coletivista de sua música. Em *Nice Guys*, por exemplo, Lester Bowie toca, além de trompete, celesta e bumbo; Joseph Jarman vai do sax sopranino ao tenor, passando pelo clarinete e pela flauta, e usando, quando precisa, o vibrafone, a voz, congas, gongos e apitos; Roscoe Mitchell, além dos saxes, toca flauta, oboé, clarinete e gongos; Malachi Favors é tão bom no baixo como na percussão em geral; o percussionista Famoudou Don Moye trabalha cercado de um terrível arsenal sonoro, em que sinos, buzinas de bicicleta, gongos, bongôs e marimba são uma extensão natural da bateria usual.

DISCOGRAFIA

*Fanfare for the Warriors* – Atlantic, 90046.
*Nice Guys* – ECM, 2301 126.
(O disco da ECM foi prensado no Brasil.)

# Glossário

**Ad libitum** Na acepção da palavra, à vontade. Por extensão, improvisação.

**Avant-garde** Vanguarda. Denominação genérica das formas mais livres do *jazz* contemporâneo, a partir de meados da década de 60.

**Bebop** (ou **bop**) Primeiro estilo de *jazz* moderno, praticado a partir da primeira metade da década de 40. Suas principais expressões foram, inicialmente, Thelonious Monk, Charlie Parker, Dizzy Gillespie e Kenny Clarke.

**Beat** Pulsação rítmica básica que caracteriza o *jazz.* No jargão do *jazz*, fala-se em *two beat* quando são sublinhados dois tempos, e em *four beat* quando os quatro tempos são igualmente ressaltados.

**Big band** Orquestra de *jazz,* geralmente entre 14 e 20 músicos. A orquestra-padrão de Benny Goodman era de 14 músicos, a de Duke Ellington de 15, a de Count Basie chegou a 18.

**Blowing session** Sessão descontraída de *jazz*, o mesmo que *jam session.*

**Blue note** A terça e a sétima bemolizadas, características da escala de *blues.*

**Blues** Forma de música folclórica, inicialmente vocal e depois instrumental, criada pelos negros do Sul dos Estados Unidos no século XIX, foi com o *ragtime* uma das principais raízes do *jazz.* Sua estrutura básica era de 12 compassos, divididos em três seqüências de quatro compassos. As *blue notes* emprestam-lhe caráter harmônico-melódico pungente, seja em tempo rápido ou lento.

**Bluesman** Músico (cantor ou instrumentista) que utiliza o *blues* como matéria-prima de expressão.

**Blues shouter** Bluesman que se exprime de modo particularmente vigoroso, de maneira gritada e exasperada.

**Blues singer** Cantor de *blues.*

**Boogie woogie** Forma de *blues,* tocada no piano, caracterizada por uma figura rítmica obsessiva na mão esquerda, enquanto a direita se dedica a desenhar uma linha melódica rápida, cheia de *tremolos.* Seus cultores mais eminentes foram Meade Lux Lewis, Albert Ammons, Pete Johnson, Jimmy Yancey e Pinetop Smith.

**Bopper** Músico que toca no estilo *bop.*

**Brass band** Bandas negras de instrumentos de sopro do fim do século XIX, início do XX, típicas de Nova Orleans. Tocavam em festas públicas, como o "Mardi Gras" (Terça-Feira Gorda), em enterros e casamentos.

**Break** *Cadenza* rítmico-melódica inserida pelo improvisador (instrumentista ou cantor) no meio de um solo, enquanto o acompanhamento rítmico é suspenso.

**Break chorus** Um *break* cuja duração é a de um *chorus.*

**Bridge** Literalmente, ponte. É a terceira seção (de oito compassos) de um tema de 32 compassos, na forma tradicional AABA. Um tema clássico de *jazz* contém o tema propriamente dito, de oito compassos, e um subtema (B, a *bridge*), também de oito. O tema principal é tocado duas vezes, vindo depois a *bridge*, e por fim a retomada do tema principal.

**Cadenza** Demonstração de virtuosismo do solista, que improvisa sem acompanhamento. Na música erudita, parte integrante dos concertos para instrumento solista (piano, violino, violoncelo) e orquestra.

**Chorus** Um dos segmentos de um solo, contado pelo número de compassos (12, 16 ou 32, geralmente).

**Combo** Pequeno conjunto de *jazz*, até oito membros. A palavra é uma abreviação de "combination of musicians" (combinação de músicos).

**Creole** Mestiço de negro e francês, comum na Luisiana, particularmente em Nova Orleans. O *creole* tinha um *status* social superior ao do negro propriamente dito. Músicos de grande prestígio na Nova Orleans do início do século eram *creole*, como Jelly Roll Morton (aliás Ferdinand Joseph La Menthe), Alphonse Picou, Barney Bigard, Honoré Dutray.

**Dixieland** Literalmente, a região de Dixie, o Sul dos Estados Unidos, a terra ao sul da linha imaginária entre as cidades de Madison e Dixie. Como estilo de *jazz*, adaptação do estilo Nova Orleans, feita a partir da Original Dixieland Jazz Band, formada em 1908 por Nick La Rocca, por músicos brancos de Chicago, na década de 20.

**Drive** No jargão jazzístico, tocar com vigor e "garra".

**Flatted fifth** Quinta bemolizada. Numa escala de dó maior, o acorde dó-sol bemol.

**Flatted seventh** Sétima bemolizada. Numa escala de dó maior, o acorde dó-si bemol, típico do *blues (blue note)*.

**Flugelhorn** (fliscorne) Espécie de trompete, de som mais encorpado e caloroso.

**Funky** Designação do estilo vigoroso, pleno de *swing*, fortemente marcado pelos *blues*, característico de músicos e *combos* que se notabilizaram nos anos 50 e 60 (Horace Silver, The Jazz Messengers).*

**Gospel** Literalmente, Evangelho. Na tradição musical norte-americana, a música de igreja das congregações negras, fruto da adaptação do hinário protestante à cultura musical afro-americana.

**Gospel singer** Cantor(a) de *gospel*.

**Groovy** O mesmo que *funky*, ou o que tem muito *swing*.

**Growl** Efeito que se obtém no trompete e no trombone, semelhante a um grunhido; sonoridade rouca.

**Head arrangement** "Arranjo de cabeça"; arranjo oral feito durante um ensaio.

**Honk** Literalmente, grasnar de pato. Som cavo produzido no registro grave do saxofone para pontuar rítmica e sonoramente uma frase melódica.

* As expressões *funky* e *soul* dos anos 50 diferem inteiramente do seu significado atual, que passaram a ser marcas registradas da música *pop* americana; os músicos de rock apropriaram-se desses adjetivos para descrever ritmos, melodias, harmonias e coloridos tonais característicos da sua música.

**Hot** Adjetivava, antigamente, o que os admiradores dos estilos Nova Orleans e clássico consideravam o verdadeiro *jazz*. Também usado para distinguir o *jazz* que tem *swing* de sua contrafação mecânica.

**Jam session** Grupo de músicos improvisando, sem arranjos, sobre temas propostos.

**Legato** Maneira de tocar as notas interligadamente, em cadeia, sem interrupção.

**Mainstream** Ao pé da letra, corrente principal. Nesta concepção, designa a linha de evolução normal do *jazz* que mantém, sempre, um compromisso com suas raízes e tradições. Designa, igualmente, o estilo intermediário entre o *jazz* tradicional e o moderno, também conhecido como *middle jazz.*

**Marching band** O mesmo que *brass band.*

**Medley** Temas diferentes, apresentados abreviadamente em série, mas mantendo uma certa unidade estilística.

**Middle jazz** O mesmo que *mainstream.*

**Multi-tracking** Superposição de faixas gravadas.

**New thing** Denominação genérica do *jazz* de vanguarda dos anos 60, a partir de Ornette Coleman.

**New wave** O mesmo que *New thing.*

**Ostinato** Repetição obsessiva de uma nota ou de um tema.

**Pedal tone** Tom sustentado na linha do baixo durante vários compassos, sobre os quais as harmonias podem mudar constantemente.

**Pocket trumpet** Mini-trompete, cujo pavilhão em grande parte cerrado produz um som menos amplo, mas mais cortante.

**Ragtime** Tipo de música surgida no fim do século XIX na Luisiana e no Missouri, é a versão negra, muito sincopada, da música pianística européia de salão. Seus cultores mais famosos foram Scott Joplin (1868-1917) e Tom Turpin (1873-1922).

**Riff** Motivo rítmico-melódico, de dois ou quatro compassos, repetidos por uma das seções da orquestra (palhetas ou metais) ou por toda a orquestra.

**Scat** Improvisação vocal em que as palavras (letras das músicas) são substituídas por um silabar onomatopaico.

**Shouter** Ver *blues shouter.*

**Sideman** Membro de um conjunto ou orquestra que não é o líder.

**Soul** Literalmente, alma. Adjetiva um tipo de *jazz* moderno, fortemente marcado pelo langor dos *blues.*

**Spiritual** Música vocal coletiva, criada pelos negros americanos no século XIX, de fundo religioso, cuja secularização e individualização propiciaram o surgimento do *blues.*

**Standard** Tema originalmente popular que passa a integrar o repertório dos músicos de *jazz* ("The Man I Love", "Indiana"), ou tema jazzístico que passa a ser um clássico do estilo ("Night in Tunisia" é um *standard* do *bop*).

**Stride** Estilo de piano típico do Harlem dos anos 20 e 30 caracterizado pela marcação da mão esquerda tocando uma nota no primeiro e no terceiro *beats,* e um acorde de três ou quatro notas no segundo e quarto tempos. James P. Johnson (1891-1955) e Fats Waller (1904-1943) foram seus cultores mais importantes.

**Stomp** Tema tocado e improvisado em um tempo bem marcado.

**Stop time** Ritmo descontínuo, em que se toca, apenas, o primeiro de dois compassos.

**Swing** Balanço rítmico específico de *jazz.* Com maiúscula, estilo de *jazz* que teve sua época de ouro no fim da década de 30, início da de 40 (Benny Goodman, Count Basie etc.)

**Tailgate style** Estilo típico dos trombonistas de Nova Orleans. A denominação *tailgate* (porta ou portão traseiros) provém do fato de que, quando as bandas desfilavam em carroças, o trombonista tinha de tocar virado para fora, no fundo (*tailgate*) da carroça, a fim de movimentar com liberdade a vara de seu instrumento.

**Toucher** Toque. Palavra aplicada especialmente ao modo de um pianista ferir o teclado.

**Washboard** Literalmente, tábua de lavar roupa. É o instrumento rítmico mais primitivo do *jazz,* consistindo basicamente de uma folha de zinco ondulada, que é percutida pelos dedais do instrumentista.

Impressão e Acabamento
GRAPHOS
Rua Santo Cristo, 70/78 — Tel.: 223-1272